电子商务领域消费者权益保护研究新探

郭晓玲◎著

中国出版集团 ｜ 全国百佳图书
中国民主法制出版社 ｜ 出版单位

图书在版编目（CIP）数据

电子商务领域消费者权益保护研究新探 / 郭晓玲著 . — 北京：
中国民主法制出版社 , 2024.1

ISBN 978-7-5162-3500-3

Ⅰ . ①电… Ⅱ . ①郭… Ⅲ . ①电子商务－消费者权益保护法－
研究－中国 Ⅳ . ① D923.84

中国国家版本馆 CIP 数据核字 (2024) 第 033130 号

图书出品人：刘海涛
出 版 统 筹：石　松
责 任 编 辑：刘险涛　吴若楠

书　　名／电子商务领域消费者权益保护研究新探
作　　者／郭晓玲　著

出版·发行／中国民主法制出版社
地址／北京市丰台区右安门外玉林里 7 号　（100069）
电话／（010）63055259（总编室）　63058068　63057714（营销中心）
传真／（010）63055259
http://www.npcpub.com
E-mail: mzfz@npcpub.com
经销／新华书店
开本／16 开　787 毫米 ×1092 毫米
印张／11.75　字数／210 千字
版本／2024 年 1 月第 1 版　2024 年 1 月第 1 次印刷
印刷／廊坊市源鹏印务有限公司

书号／ISBN 978-7-5162-3500-3
定价／68.00 元
出版声明／版权所有，侵权必究。

（如有缺页或倒装，本社负责退换）

前　言

随着互联网和信息技术的飞速发展，电子商务成为当今社会经济活动中的重要组成部分。电子商务为消费者提供了更便捷、快速的购物体验，但同时也带来了一系列新的消费者权益保护挑战，这不仅对消费者的利益造成了损害，也对电子商务行业的健康发展带来了不利影响，因此，对于电子商务领域消费者权益保护的研究显得尤为重要。

基于此，本书以《电子商务领域消费者权益保护研究新探》为题，首先，阐述电子商务及其特征、电子商务的法律制度、电子商务经营者及其义务。其次，分析消费者及其特征、消费者正确的消费观念与行为、消费者的基本权利及其保护机构、电子商务领域消费者权益保护的原则；讨论知情权及其保障的理论依据、电子商务中消费者知情权的特征与保护价值、电子商务中消费者知情权保护的完善建议。然后，对电子合同订立及消费者权益保护、电子合同履行及消费者权益保护、电子合同违约与纠纷处理中的消费者权益保护、电子格式合同及消费者权益保护、电子商务合同中消费者权益保护的完善策略进行论述；接下来探讨电子支付及其发展趋势、第三方支付及其运营模式、第三方支付平台与消费者间的法律关系、第三方支付平台中消费者权益保护法律制度的完善；分析电子商务中个人信息及其类型、电商平台对个人信息保护的义务、电子商务中消费者个人信息的处理原则、电子商务领域个人信息保护的法律应对。最后，研究跨境电子商务及其模式、跨境电子商务中消费者权益保护的法律关系、跨境电子商务中消费者权益保护的对策。

本书内容丰富，结构清晰，从多个角度对电子商务领域消费者权益保护进行研究，包括法律法规、监管机制、企业自律等多个方面，以全面了解和解决问题；旨在推动电子商务领域消费者权益保护的发展，并促进可持续、公平和诚信的电子商务市场环境的构建。

笔者在本书的写作过程中，得到了许多专家学者的帮助和指导，在此表示诚挚的谢意。由于笔者水平有限，加之时间仓促，书中所涉及的内容难免有疏漏之处，希望各位读者多提宝贵意见，以便笔者进一步修改，使之更加完善。

目　录

第一章　电子商务的基本认知

第一节　电子商务及其特征

电子商务已成为当前商务活动中的主流形态之一。网络购物、网络缴费、网络购票、网络充值等均反映了电子商务已经渗透到人们生活的方方面面，成为人们日常生活中密不可分的一部分。

一、电子商务的诞生与演进

早在 1839 年，人们就开始运用电子手段进行商务活动讨论。20 世纪 70 年代，电子资金转账和电子数据交换作为企业间电子商务应用的系统雏形诞生。20 世纪 90 年代，随着互联网的快速发展、计算机和网络应用在全球范围内的普及，以及全球经济一体化的趋势，电子商务的生命力逐渐旺盛。特别是进入 21 世纪后，随着信息技术的不断更新，信息资源成为重要的生产要素、无形资产和社会财富，互联网成为人们工作和生活不可缺少的载体。

总体来说，电子商务的发展主要包括以下三个阶段：①基于电子资金转账和电子数据交换技术的电子商务阶段；②基于互联网的电子商务阶段；③E 概念电子商务阶段。

（一）基于电子资金转账和电子数据交换技术的电子商务阶段

随着计算机在金融领域的应用，电子资金转账于 20 世纪 70 年代出现在金融市场中，它以电子的方式实现金融机构之间及少数大型企业之间的资金转移。以银行为例，银行在一定程度上能将以现钞、票据等实物表示的资金，转变成以计算机中储存的数据表示的资金，将现金流动、票据流动转变成计算机网络中的数据流动。这种以数据形式存储在计算机中并能通过网络使用的资金被称为"电子货币"，该电子货币赖以生存的银行计算机网络系统即为电子资金转账系统。

20 世纪 70 年代后期至 80 年代早期，电子数据交换成为电子商务贸易的一种工具，将订单、发票、货运单、报关单和进出口许可证等商业文件，按统一的标准编制成计算机能够识别和处理的数据格式，从一台计算机传输到另一台计算机，其目的是消除处理延迟和避免数据的重新录入。

电子数据交换技术将电子交易活动从单一的金融领域扩展到其他领域，也将企业范围不断扩大，囊括了制造业、零售业等多种类型的企业等。电子数据交换技术通过减少纸质工作并增加自动化工作流程的模式，已经具备了互联网电子商务的主要特征，可以视为电子商务的初级阶段。

但由于交易的安全，以及早期网络技术的局限性，电子数据交换技术都建立在功能单一的专用网络上，这类网络被称为增值网。增值网的使用费用非常高，对技术、设备和人员等都有较高的要求，因此，只有某些发达国家和地区的大型企业才会使用，其应用范围和普及程度并不高。

（二）基于互联网的电子商务阶段

"随着全球化的信息技术革命，电子商务的深入发展，随着现代移动通信技术的不断革新，基于移动通信技术的电子商务越来越受到人们的重视，电子商务正以空前无比的生命力推动着部门经济、区域经济、国民经济和世界经济跃上一个新台阶。"[①] 20 世纪 90 年代中后期，互联网在全球得到迅速普及和发展，逐步进入企业和普通家庭，其功能也从信息共享演变为一种大众化的信息传播工具。随着全球网民人数的逐年递增，到 1999 年底，全球互联网用户群体已经非常庞大，这也引发了大量的企业开拓互联网业务，更多的商业应用开始融入互联网领域，电子商务开始成为互联网的热点应用，并得到了广泛认可。

基于互联网的电子商务，最初主要是利用互联网的电子邮件功能进行日常商务通信。从 1995 年起，企业逐渐突破用电子邮件进行日常通信的应用范围，而依靠互联网发布企业信息，让公众通过互联网了解企业的情况，以及获得企业的商品或有关的服务，从而使以 Web 技术为代表的信息发布系统迅速成长，并成为互联网的主要应用系统。1996 年 6 月，联合国国际贸易法委员会通过了《电子商务示范法》，这标志着真正的电子商务阶段的开始。

---

① 张薇. 论我国移动电子商务的发展状况 [J]. 科技视界，2012 (30)：197.

（三）E 概念电子商务阶段

21 世纪以后，人们对电子商务的认识逐渐提高到 E 概念的高度。E 概念是指将电子信息技术与各项社会活动相结合的综合运用，如，电子信息技术与医疗结合产生了远程医疗；与教育结合产生了远程教育；与金融结合产生了电子金融业务，如，在线银行和在线证券交易；与军事结合产生了远程指挥；与政务结合产生了电子政务等。

二、电子商务的概念与类型

（一）电子商务的概念

电子商务的概念有广义和狭义之分。

广义的电子商务是指交易的当事人或参与人，通过电子手段和各种电子工具从事包括狭义电子商务、电子政务、电子军务、电子教务、电子公务和电子医务等业务活动的过程。涉及的内容不仅包含电子技术和商业交易本身，还包含企业管理、业务流程重造、金融、税务、教育和医疗等社会层面事务。

狭义的电子商务是指交易的当事人或参与人，利用现代信息技术和计算机网络技术，进行货物贸易、服务贸易和知识产权贸易等各类商业活动的过程。

电子商务是一个不断发展的概念，关于它的定义，不同的学者、组织和企业，从不同的角度，有不同的理解。简单来说，电子商务就是将所有的商务活动业务流程电子化，如，网络营销、电子支付等外部业务流程，以及企业资源计划、客户关系管理和人力资源管理等企业内部的业务流程。

（二）电子商务的类型

按电子商务的交易对象、交易过程、商品交易过程的完整程度、适用网络类型和交易地域范围，可以对电子商务进行不同的分类。

1. 按交易对象分类

（1）企业对企业（简称 B2B）。企业与企业之间的一种电子商务模式，指企业与企业之间通过互联网进行的商务活动。

（2）企业对消费者（简称 B2C）。企业与个人消费者之间的一种电子商务模式，指企业与个人消费者之间进行的商品或服务的交易，即网络零售。

（3）消费者对消费者（简称C2C）。个人消费者与个人消费者之间的一种电子商务模式，指个人消费之间与网络商务平台实现交易的一种商务活动。

（4）消费者对企业（简称C2B）。消费者与企业之间的电子商务，是指先由消费者提出需求，然后由生产或商贸企业按需求组织生产、货源的一种商务活动。

（5）商家对政府（简称B2G）。企业与政府之间的一种电子商务模式。政府既是电子商务的参与者（作为消费者），又是电子商务的宏观管理者。

（6）消费者对政府（简称C2G）。消费者与政府之间的一种电子商务模式，主要是指政府为了提高办事效率，将部分可以放在网络上的业务进行网络在线办理，如，网上支付社会福利和缴纳保险费用等

（7）线上线下共同交易（简称O2O）。线上线下共同交易的一种电子商务模式。O2O将线下商务的机会与互联网结合在了一起，让互联网成为线下交易的"前台"，实现了线下购买、线下服务。

2. 按交易过程分类

（1）交易前电子商务。交易前电子商务主要是指买卖双方和参与交易的其他各方在签订贸易合同前的准备活动，主要包括消费者确定购买意向、商家发布并宣传商品，以及买卖双方就交易进行谈判磋商。

（2）交易中电子商务。交易中电子商务主要是指买卖双方从签订合同后到开始履行合同前办理各种手续的过程。买卖双方要利用电子商务系统与有关各方进行各种电子票据和电子单证的交换，直到办理完这一过程的一切手续为止。

（3）交易后电子商务。交易后电子商务从买卖双方办完所有手续之后开始。商家要备货、组货，同时进行报关、保险、取证和发信用证等，商家将所售商品交付给运输公司包装、起运和发货，直到消费者收到所购商品。

3. 按商品交易过程的完整程度分类

（1）完全电子商务。完全电子商务是指交易过程中的信息流、资金流、商流和物流都能够在网上完成，商品或服务的整个商务过程都可以在网络上实现的电子商务。

（2）不完全电子商务。不完全电子商务是指先基于网络，解决好信息流的问题，使交易双方在互联网上结识、洽谈，然后通过传统渠道，实现资金流和物流。

4. 按适用网络类型分类

（1）基于电子数据交换的电子商务。基于电子数据交换的电子商务建立在电子数据交换技术之上，为电子商务的发展与创新提供了基础，实现了商务运作全过程的电子化。

（2）基于互联网的电子商务。基于互联网的电子商务以电子通信为手段，让人们通过计算机网络宣传商品或服务，并进行交易和结算。

（3）基于内部网的电子商务。基于内部网的电子商务使企业可以将分布在各地的分支机构与企业内部的有关部门和各种信息通过网络连接起来，方便企业管理人员获取信息并处理相关事宜。

（4）基于外部网的电子商务。基于外部网的电子商务是一种半封闭的企业间电子商务模式，既具有内部网的安全性，又能够通过互联网实现内外部网之间的连接。

（5）移动电子商务。移动电子商务是在移动通信网络和互联网技术的基础上发展起来的，主要通过手机、平板电脑和其他移动智能终端设备来进行商务活动。

5. 按交易地域范围分类

（1）本地电子商务。本地电子商务是指在本地区范围内开展的电子商务，具有涉及的区域范围小、货物配送速度快、成本低等特征。

（2）远程国内电子商务。远程国内电子商务是指在本国范围内进行的网上电子交易活动，其交易的地域范围比本地电子商务更大，参与商务活动的各方可能分布在国内不同的省、市或地区，对软件、硬件和技术的要求更高。

（3）全球电子商务。全球电子商务是指在全世界范围内进行的电子商务，是范围最广泛的电子商务活动。

三、电子商务与传统商务的区别

电子商务与传统商务存在很大的区别，主要表现在以下四个方面。

（一）二者的运作流程不同

传统商务由交易前准备、贸易磋商、合同与执行、支付与清算等环节组成。在交易之前，交易双方需要了解有关产品或服务的供需信息，然后就具体的交易内容进行口头或书面协商。协商的过程实际上是单据的传递过程，单据包括询价单、订购合同、发货单、运输单、发票和验收单等。协商结束后，交易双方需要以书面形式签订具有法律效力的商贸合同，以便监督执行，并在产生纠纷时根据合同由相应机构进行仲裁。另外，在支付过程中，传统的商务活动一般使用支票和现金。

相比而言，电子商务虽然也有交易前准备、贸易磋商、合同与执行、支付与清算等环节，但其运作方法完全不同。在电子商务模式中，供需信息一般通过网络传输，交易双方进行信息沟通快速且高效。在磋商过程中，交易双方往往使用电子单据取代书面单据，在第三方授权的情况下，这些电子单据具有法律效力，可以作为纠纷时的仲裁依据。另外，电子商务一般采用网上支付的方式。

（二）二者的主体不同

在传统商务中，制造商是商务的中心；而在电子商务中，销售商则成了商务的主体。传统商务下，制造商需要负责市场调研、新产品开发和研制，以及产品的销售，因而一切活动都离不开制造商。但是在电子商务环境下，销售商为主导负责销售环节，包括产品网站的建立与管理、网页内容的设计与更新、网上销售的所有业务及售后服务的设计、组织与管理等，制造商不再起主导作用。

（三）二者的商品流转方法不同

传统商务下的商品流转是一种"间接"的流转方法。制造商生产出来的商品需要经过一系列的中间商才能到达用户的手中。这种流转方法无形中给商品流通增加了许多无谓的环节，也增加了相应的流通、运输和存储费用，加上各个中间商都要获取自己的利润，这样直接抬高了商品的零售价。电子商务的出现，使得每一种商品都能够建立最直接的流转渠道，制造商可以直接把商品给用户，也能直接从用户那里得到最有价值的需求信息。

（四）二者涉及的商品范围和时空范围不同

传统商务涉及的商品范围和时空范围是有限的，而电子商务涉及的地理范围和时间则是无限的，是超越时空的。

四、电子商务的特点

从电子商务的概念及发展阶段可以看出，电子商务具有以下五个特点。

（一）数字经济特点

电子商务以使用数字化的知识和信息作为关键生产要素、以现代信息网络作为重要载体、以信息通信技术的有效使用作为提升效率、降低成本、优化经济结构、具备数字经济的相关特点。

第一，数据成为新的生产要素。农业经济时代的生产要素主要是土地和劳动，工业经济时代的关键生产要素是资本和技术，而在数字经济时代，数据已成为关键性的生产要素。

第二，推动实体经济与数字化深度融合。数字化算力的提升，有效地提高了实体经济的运行效率，满足了摩尔定律、梅特卡夫法则和马太效应的相关要求。

第三，专业化分工成为企业商业行为的常态。随着知识复杂性的增加，任何一个组织都会因为资源与能力的限制而无法掌握商业化所需要的全部知识，从而使知识成为一种关键性的互补资产。

（二）价值创新特点

电子商务把互联网作为商品销售渠道，与线下渠道形成差异化竞争策略。从购买体验来讲，它与线下渠道互有长短，但是电子商务具有关键的低成本优势，能为用户创造更大的价值。

（三）电子商务覆盖头部市场和长尾市场

头部市场代表畅销产品，长尾市场代表小众的利基市场。利基市场的空间分布较为分散，只有依靠互联网柔性服务技术才能将多品种、小批量的碎片化需求聚集在一起，实现范围经济性。此外，电子商务使产品的配销变得越来越容易，加上推荐系统的使用，使得消费者能够了解到以往不怎么引人注意的产品。这样，人们的需求就能从需求曲线的头部，也就是最热门的产品，转向由长长的尾部所代表的聚合购买力，满足平民化、个性化、碎片化和差异化需求。

总之，虚拟化的产品展示、自动化的购买流程降低了销售成本，再加上海量用户规模和高频购买，使得小众的产品具有规模效应。

（四）电子商务改变传统业态

从业态角度来看，电子商务改变了传统业态，数字化催生了新零售、新商业和新贸易。新零售相较于传统零售，其特征表现为：以消费者为中心、以智能化店铺管理为支撑进行店铺运营。对于用户体验的重视是电子商务成功吸引海量用户高频购买的前提，这种体验不仅体现于软件操作层面，还贯穿商品查找、支付、交付和售后服务的全过程，如，扫码看商品信息、人脸识别、自助结账、电子支付、店内导航等。智能化的店铺管理通过数字化推动店铺管理流程，如，电子价签、智能补货、智能货架、实时客流分析等，不断优化和提升。

新商业，则是通过数字连接产业链各节点及消费者，使价值链不再单向线性传递，而是网状双向传递。

而新贸易（又称数字贸易）依靠网络技术、信息技术和数据技术重构了国内与国际贸易，产生了全新的网络销售、在线服务、全球价值链的数据流，实现了全球化的智能制造、服务和应用。

（五）电子商务使消费者地位反转

电子商务汇集起来的庞大用户数，使得个性化产品也能拥有不小的市场。这样，在商品的设计与生产、自身权益保护方面，消费者也开始拥有发言权，从而使消费者的地位得到反转，由此也推动了制造企业的流程再造，服务渠道职能的强化，使得商业服务更加贴近商业本质。

第二节 电子商务的法律制度

一、电子商务对传统法规的挑战

电子商务与传统商务在原则上是没有区别的，电子商务也是关于当事人之间就某一物品或服务在各自权利和义务上的约定。因此，电子商务法律关系中的权利和义务与传统商务是一致的。电子商务对传统法律的挑战，主要体现在以下三个方面。

（一）电子商务行为的规范

电子商务主体准入不规范，导致电子服务商的设立不规范。传统的商事主体需经工商行政管理机关登记注册、领取营业执照，方可在核准登记的经营范围内从事经营活动。而从事电子商务经营活动的主体资格缺乏规范，由于网络市场的跨行业、跨部门、跨地区性，人们无法确认电子商务行为的合规性。

（二）电子数据的取证

电子数据只能处于一种虚拟的环境中，它们很容易遭受篡改。为了确保电子商务经营活动所用电子数据的真实合法性，一方面在电子数据的收集、提取过程中，要保证取证主体的合法性和取证程序的合规性，取证工具要经过认证；另一方面，应注意电子数据的规格、类别、文件格式是否规范清晰。

（三）电子证据的认证

随着电子签名技术的发展，电子数据也同样具有与书证一样的证明力。例如，电子签名法就规定了可靠的电子签名与手写签名或者盖章具有同等的法律效力，随着电子签名技术的逐渐成熟，我国民事诉讼中赋予可靠的电子数据以更高的证明力，这在一定程度上可以解决电子数据"认定难"的问题。

二、电子商务中的法律关系

（一）电子商务法律关系的概念

1. 法律关系和法律关系主体

法律关系是法律规范在调整人们行为过程中形成的权利义务关系。法律关系由法律关系主体、法律关系内容、法律关系客体组成。

法律关系主体是法律关系的参加者，即在法律关系中，一定权利的享有者和一定义务的承担者。法律关系主体包括自然人、法人组织、非法人组织、国家。

2. 电子商务法律关系

电子商务法律关系是指由电子商务法律规范所确认的电子商务活动中当事人之间的具有权利义务内容的经济关系。

电子商务法律法规是电子商务法律、规则、条例、章程的总和。

法律是指由全国人民代表大会和全国人民代表大会常务委员会制定并颁布的规范性法律文件，即狭义的法律，其效力仅次于宪法。法规包括行政法规和地方性法规。规章、规定包括规定、办法、细则等。

（二）电子商务中的法律关系主体

电子商务法律关系主体是指电子商务的各方参与者，即享有权利、承担义务的当事人，具体包括电子商务交易者、商品或服务的提供者和消费者（卖方和买方当事人）。

传统商务就是用户可以利用电话、传真、信函和传统媒体来实现商务交易和管理过程。用户能够通过传统手段进行市场营销和广告宣传、获得营销信息、接收订货信息、做出购买决策、支付款项、提供客户服务支持等。

1. 电子商务主体的特征

电子商务主体在网络环境下具有以下特征。

（1）虚拟性。与传统商事活动中的主体相比，电子商务的主体因网络的应用而具有了一定的虚拟性。

（2）主体属性不确定性。网络具有开放性，导致电子商务主体属性难以判断。

（3）多样性。电子商务主体分为直接主体和间接主体。直接主体是电子商务交易的双方当事人。间接主体是电子商务交易的服务商，主要包括网络服务提供商、电子认证服务商、在线金融服务商

（4）跨地域性。网络具有无界限特性，导致电子商务主体具有跨地域性。

2. 电子商务主体和传统商事主体的相同点

（1）目标相同。两者的基本目标均为提高效率、节约成本、赢得顾客、获取利润。

（2）行为相同。不论是电子商务还是传统商务模式，其商务活动都是以满足顾客的实际需求为中心而开展的。电子商务行为仍然是商事行为，所以传统商务的一般规则，包括准入和退出的规则同样适用于电子商务。

3. 电子商务主体与传统商事主体的区别

传统商务的交易成本高，交易效率低，交易过程不透明，支付方式采用支票和现金支付过程烦琐。电子商务作为现代商务形态，与传统商务行为的区别，更多体现在技术手段层面。

（三）电子商务中的法律关系客体

电子商务法律关系客体是指参加电子商务活动的主体所享有的权利和所承担的义务所共同指向的对象，主要是指电子商务活动的有形商品和无形商品、网上商务行为、智力产品和无形财产。电子商务法律关系的客体包括以下四大类：①有形商品；②数字化商品或信息商品；③知识产权和信息产权；④在线服务。

（四）电子交易关系中各主体的法律地位

完整的电子商务要求做到物流、信息流和资金流都在网上进行。由于电子商务是在一个虚拟空间上进行交易的，在电子商务的交易过程中，买卖双方、买卖双方与银行、买卖双方与网络交易平台、买卖双方与认证机构、买卖双方与物流运输机构之间都发生业务联

系，从而产生相应的法律关系。

1. 买卖当事人

买卖当事人之间的法律地位平等，双方所发生的经济权利和经济义务是相互制约、互为条件的，卖方的义务就是买方的权利。在电子商务条件下，卖方应当承担的义务是按照合同的规定提交标的物及单据，并对标的物的质量承担担保义务。在电子商务条件下，买方同样应当承担三项义务：按照网络交易规定方式支付价款的义务；按照合同规定的时间、地点和方式接收标的物的义务；对标的物进行验收的义务。

2. 电子商务交易平台

网络交易中心在网络商品中介交易中扮演着组织、中介和促成的角色，按照法律的规定、买卖双方委托业务的范围和双方的具体要求开展业务活动，为各类网上交易提供交易平台、信息交流和在线支付等服务。

3. 电子商务认证机构

电子商务认证机构履行第三方职能，一般以中立的、可靠的第三方中介人出现，为交易双方或多方提供服务，因而，在认证法律关系中至少有买卖双方，以及认证机构参与，认证法律关系涉及多方当事人。在有些复杂的交易或服务关系中，交易当事人可能会更多。譬如，在以信用卡在线电子支付进行的交易中，认证机构不仅要向买卖双方相互间提供身份认证，还要对发卡银行、收付机构提供认证服务。

电子商务认证的核心职能就是向客户颁发数字证书，发放数字证书的机构是认证中心（简称 CA）。电子商务认证机构是指在电子商务活动中为有关各方提供数字身份证书服务的独立法人单位。电子商务认证是一种信用服务关系，认证机构与证书持有人之间的权利义务基于电子商务合同而产生，对证书持有人所承担的责任，则因其特殊的职业义务而存在。

4. 网上银行

网上银行为从事电子商务的各方提供网上支付服务。对于通过电子商务手段完成交易的双方来说，网上银行是必需的。网上银行是建立在传统的电子银行基础之上的，是电子银行的一个发展阶段。

与传统的使用现金、支票等支付手段不同，电子商务采用信用卡、电子支票和数字现金等电子货币进行网上支付，通过网上银行的信用卡等各种方式来完成交易，并在国际贸易中通过与金融网络的连接来支付和收费。

5. 物流运输机构

物流是物品在从供应地向接收地的实体流动过程中，根据实际需要，将运输、储存、装卸搬运、包装、流通加工、配送、信息处理等功能有机结合起来实现用户要求的过程。物流企业除了需要承担运输合同违约赔偿的法律责任外，还需要承担绿色物流的社会责任。

绿色物流是指在物流过程中抑制物流对环境造成危害的同时，实现对物流环境的净化，使物流资源得到最充分合理的利用。现阶段，由于环境问题的日益突出，在处理社会物流与企业物流时必须考虑环境问题。物流运输活动，对环境可能会产生一系列的影响，需要最大可能地回收再利用包装材料，减少对环境的污染。

（五）电子商务法律关系的内容

电子商务法律关系的内容是指电子商务活动的参与者或当事人所享有的权利和所承担的义务或责任。

1. 电子商务交易者

电子商务交易者即某一商品或服务直接进行交易的双方，也就是电子商务经营活动中的买方和卖方，其在网上交易时必须真实存在，并且必须具备从事相应在线交易的资质，是现实社会中的自然人、法人或其他组织。

2. 电子商务立法

（1）电子商务立法的内容。分析电子商务主体与传统商事主体的区别，其目的是设计适合电子商务的立法。电子商务立法，包括市场准入、税收、电子商务合同、安全保密、电子支付、知识产权、消费者隐私权保护等方面内容。

（2）电子商务立法的准则。

第一，中立自由准则。电子商务使用的技术正在不断进步和更新，因此，电子商务立法对涉及的相关技术范畴应保持开放、中立的姿态，以适应电子商务不断发展的客观需要，而不能将其局限于某一特定形态，防止因电子商务立法对特定范畴的偏爱而损害法律的连续性和稳定性。

第二，协调统一准则。协调统一原则是指电子商务立法既要与现行立法相互协调，又要与国际立法相互协调，同时还应协调好电子商务过程中出现的各种新的利益关系，如，版权保护与合理使用等，尤其要协调好商家与消费者之间的利益平衡关系。

第三，鼓励引导准则。法律介入应当循序渐进，加以鼓励与引导。电子商务作为一种新生事物，立法机构不可能马上就把电子商务的所有问题都纳入法律轨道，应当给电子商务以宽松自由的外部环境，如果管得过严，就会抑制电子商务的活力，阻碍其发展。

第三节　电子商务经营者及其义务

一、电子商务经营者的认知

电子商务经营者是电子商务活动的核心参与者，其以主体身份参与到电子商务活动的各个方面，其定义和类型的界定以及相对应主体的义务及责任，也是电子商务法的基础性内容。

（一）电子商务经营者的概念

关于电子商务经营者的范围，一般有广义和狭义的理解。

广义的理解是指除直接从事商品或者服务经营活动的电子商务经营者之外，在电子商务经营活动中，还有为这些直接的电子商务经营者提供服务的经营者。具体又可分为两类：①直接为电子商务经营者提供交易平台服务；②提供宣传推广、信用评价、支付结算、物流、快递、网络接入、服务器托管、虚拟空间租用、网站网页设计制作等服务。最广义的电子商务经营者可以将这三类主体均涵盖其中。

狭义的理解是指直接从事销售商品或者提供服务等电子商务经营活动的经营者。具体可以分为两类：①销售商品的经营者；②提供服务的经营者。

《中华人民共和国电子商务法》（以下简称《电子商务法》）规定，电子商务经营者，是指通过互联网等信息网络从事销售商品或者提供服务的经营活动的自然人、法人和非法人组织，包括电子商务平台经营者、平台内经营者以及通过自建网站、其他网络服务销售商品或者提供服务的电子商务经营者。从上述规定可以看出，电子商务法最终采取的是广义的理解，除了直接从事商品或者服务经营活动的电子商务经营者之外，其还将直接为电子商务经营者提供服务的众多主体中最特殊也是最重要的一类主体——电子商务平台经营者纳入其中，形成了以电子商务平台经营者和直接的电子商务经营者为主的电子商务经营者的范围。

（二）电子商务经营者的分类

以电子商务经营者从事的业务为标准，电子商务经营者可分为以下两类。

1. 直接从事商品或者服务经营活动的电子商务经营者

从事商品或者服务经营活动的电子商务经营者，需要通过互联网等信息网络进行经营，根据其所依托的信息网络主体的不同，可将其分为以下三类。

（1）平台内经营者。《电子商务法》规定，平台内经营者，是指通过电子商务平台销售商品或者提供服务的电子商务经营者。在三类直接从事商品或者服务经营活动的主体中，平台内经营者应当是最主要的组成部分。以淘宝网为例，淘宝网的运营者是电子商务平台经营者，淘宝店家是平台内经营者。作为电子商务经营者，要想获得交易机会，必须要有大量的用户流量，其必须依托具有大量的用户流量的电子商务平台经营者，才能获得更多机会。电子商务平台经营者加上平台内经营者，互为依托，共同发展，最终构成了电子商务最初也是最主要的发展模式。

（2）自建网站的经营者。除了平台内经营者之外，自建网站的经营者也是电子商务经营者的类型之一。所谓自建网站的经营者，是指电子商务经营者凭借自身资金和技术积累，自建网站并利用其销售商品或者提供服务。

（3）利用其他网络从事销售商品或者提供服务的电子商务经营者。通过其他网络销售商品或者提供服务的电子商务经营者是在《中华人民共和国电子商务法第三次审议稿》中加入的。一些常委委员和地方、企业、社会公众建议，将通过微信、网络直播等方式销售商品或者提供服务的经营者涵盖在内。电子商务经营者中消费者比较熟悉的是"微商"，虽然"微商"并非法律专业术语，但是实践中大量存在，是移动互联网时代电子商务的新型表现形式之一，其经营者理应属于电子商务经营者范畴，电子商务法将其规定为利用其他网络从事销售商品或者提供服务的电子商务经营者。同时，条文中将"微商"所依赖的"微信、网络直播平台"视为其他网络服务提供者，而非简单认定为传统的电子商务平台经营者。

2. 电子商务平台经营者

电子商务平台经营者是电子商务经营者的一种特殊存在，其并不直接销售商品或者提供服务，仅提供平台服务，却又在电子商务经营者中占据着重要地位。其名称也经历了一系列变化：2007年商务部发布的《关于网上交易的指导意见（暂行）》称为"网上交易平台服务提供者"；2009年商务部发布的《网络购物服务规范》改称为"网络购物平台提供商"；2011年商务部发布的《第三方电子商务交易平台服务规范》称为"第三方电子商务交易平台经营者"；2014年《网络交易监督管理办法》将其明确为"第三方交易平台经营者"；直至现今，《电子商务法》将其称为"电子商务平台经营者"。

《电子商务法》规定，本法所称电子商务平台经营者，是指在电子商务中为交易双方或者多方提供网络经营场所、交易撮合、信息发布等服务，供交易双方或者多方独立开展交易活动的法人或者非法人组织。《网络交易监督管理办法》规定，第三方交易平台经营者应当是经工商行政管理部门登记注册并领取营业执照的企业法人。前款所称第三方交易平台，是指在网络商品交易活动中为交易双方或者多方提供网页空间、虚拟经营场所、交易规则、交易撮合、信息发布等服务，供交易双方或者多方独立开展交易活动的信息网络系统。

上述两个定义虽有细微差别，但核心内容是一致的。理解电子商务平台经营者，应从以下层面展开：

（1）从电子商务平台经营者所从事的业务来看，并非提供所有上述服务才认定为平台经营者。《电子商务法》中提到的业务只是示例性质的列举，只要从事其中一项以上的服务，即可能成为电子商务法规定的电子商务平台经营者。

（2）电子商务平台经营者的法律主体属性为法人或者非法人组织，自然人不能成为电子商务平台经营者。电子商务平台经营者提供的上述服务为电信增值业务，根据《电信业务经营许可证管理办法》规定，只有依法设立的公司才能申请经营增值电信业务证。

（3）从法律地位角度看，电子商务平台经营者是第三方，而非销售商品或者提供服务法律关系的任何一方当事人，其主要的作用是提供交易场所以及相关支撑服务。

（4）就主观层面看，要求平台经营者有通过服务协议、交易规则等积极、主动管理平台内交易的意愿。只有同时满足上述主客观标准时，才能将提供交易场所的电子商务经营者界定为电子商务平台经营者。

（三）电子商务经营者的界定范围

随着移动互联网时代的到来，电子商务呈现出跨界发展的属性，逐渐向互联网各细分领域发展。在众多的电子商务经营者中，如何界定其类型是不容回避的话题。电子商务跨界发展已是常态，不同的电子商务经营者的角色并非一成不变，可以互相转换，是动态变化发展的过程，界定的难点主要表现在以下两个方面。

1. 直接从事商品或者服务经营活动的电子商务经营者的界定范围

按照电子商务法的规定，直接从事电子商务经营活动的电子商务经营者共有三类：①平台内经营者；②自建网站的电子商务经营者；③通过其他网络服务销售商品或者提供服务的电子商务经营者。在 PC 互联网时代，无论是平台内经营者，还是自建网站的经营者，都比较容易确定，但在移动互联网时代，随着通过其他网络服务销售商品或者提供服务的电子商务经营者等新类型的出现，其与平台内经营者，自建网站的电子商务经营者极易混淆。例如，微信等社交工具虽然不是电子商务平台经营者，但其会以其他网络服务提供者的身份参与到电子商务中。

从形式上看，利用微信销售商品或者提供服务即属于通过其他网络服务销售商品或者提供服务的电子商务经营者，但并非绝对。无论是类似京东等传统的电子商务平台经营者，还是拼多多等新型的社交电子商务平台经营者，均可以申请微信公众号。当用户在微信另一用户的朋友圈中发现商品信息，根据自己需求，通过私聊，转账或者当面交易等方式完成交易时，通过微信朋友圈售卖商品的用户则可能属于通过其他网络服务销售商品或者提供服务的电子商务经营者，当然还要结合其交易的金额、频次等来判断其是否从事以营利为目的的经营活动，而非偶发零星的非经营活动。

通过其他网络服务销售商品或者提供服务的电子商务经营者的身份并非一成不变，其与平台内经营者、通过自建网站的电子商务经营者可以相互转换。虽然都是电子商务经营者的范畴，但具体属于哪一类型，则需要结合实际情况，具体情况具体分析。

2. 电子商务平台经营者与其他网络服务提供者的界定范围

移动互联网时代，电子商务边界日益模糊。拥有巨大用户流量的非电子商务企业也会尝试开展电子商务业务，以实现流量变现。这样就会产生电子商务平台经营者和其他网络服务提供者角色混淆的问题。

除了是否同时提供了网络经营场所、交易撮合、信息发布、交易规则等平台服务这一判断标准之外，其商业目的也是判断其是否属于电商平台经营者的重要标准，两者往往是密不可分的，为了开展电子商务活动，其必然会提供各类平台服务，以吸引更多的用户参与，将其自身的用户流量通过电子商务的方式最大化变现，其成为电子商务平台经营者的可能性就很大。如果服务者的商业目的并非专门为了电子商务服务，则其成为电子商务平台经营者的可能性较小。但用户如果利用其开展了电子商务活动，该服务者以被动方式参与到电子商务中来，其成为其他网络服务提供者的可能性更大。

二、市场主体登记

（一）市场主体登记的属性

1. 构建电子商务诚信体系

信任是电子商务得以进行的前提，在此意义上，电子商务立法的重要目的是构建网络交易的信用体系。网络的虚拟性导致经营者自我约束力差，欺诈、售假等不诚信行为时有发生，交易相对人面临更多道德风险，在一定程度上阻碍了电子商务健康持续发展。构建网络交易信用体系，第一步是确认电子商务经营者的真实身份，通常情况下，确认方式有电子签名及其认证、网络交易平台提供认证、市场主体登记等方式。较之前两种身份确认方式，市场主体登记公信力最强。通过要求电子商务经营者进行市场主体登记，不仅可以明确现实中侵权、违约行为的责任主体，而且真实的身份增加了主体存在感进而增加了其自我约束感，有利于防范违背诚实信用原则行为的发生。

关于确认电子商务经营者的真实身份，除了依靠市场主体登记制度外，还需要辅之实名制。电子商务法和网络安全法都规定了实名制，并且都对没有履行实名制义务的主体规定了相应的处罚。通过"实名制"与市场主体登记制度可以实现确认责任主体的功能，即在发生交易纠纷时，将责任落实到具体的人，保护消费者和其他经营者的合法权益。

2. 保障交易安全

现代社会，通过信息公示保障交易安全，是市场主体登记的重要目的和核心功能。交易双方的"存在性"信息，即相对方都能被确定为现实的商事主体存在是保障交易安全的基础性信息。市场主体登记通过法律文件记载经营者的身份信息并公示其经营状况及相关的法律关系，相关公众在交易之前可以了解其经营内容而有所取舍，以保障交易安全。

关于公示经营内容，其主要目的是使交易相对方和社会公众可以通过查询市场主体登记簿来获得该商事主体的基本状况，做出是否与其交易的决定。可以说，商事主体登记主要就是公示商事主体信用状况的制度。这种信用公示不仅有利于商事主体自身营业信用的展示，更有利于减少交易风险，使相对人可以确切地了解与该商事主体有关的营业事项，从而能安心地进行交易。

除市场主体登记制度外，电子商务经营者的信用状况还需要其他相关制度辅助，如《电子商务法》规定了电子商务经营者公示其相关经营信息的义务，社会公众可以直接通过访问网站来获取该商事主体的基本状况。此外，《电子商务法》还规定了信用评价制度。消费者可以直接通过访问网站来了解商事主体的信用状况，进而决定是否与其交易。上述规定与市场主体登记制度共同构成了电子商务经营者的信用公示制度。

3. 服务于市场管理

我国市场主体登记在履行公示职能的同时，还承担着服务市场管理的职能。市场主体登记辅助确定市场监管对象。在实施食品安全监管、质量监管等确定监管对象时，主要依赖于市场主体登记。部分自然人网店经营过程中存在给周边住户造成噪声污染、消防隐患、安全隐患等问题，但这些自然人网店未进行市场主体登记，市场监管部门因没有权力进入居民住所进行检查而无法行使行政管理权。因此，基于市场管理需要，自然人网店应进行市场主体登记。

市场主体登记还具有辅助消费者权益保护法、反不正当竞争法、反垄断法等法律实施的功能。我国反不正当竞争法将规范对象确定为"经营者"，"经营"是指以营利为目的的、具有一定连续性的市场行为，只有个体工商户、企业以及具有经营资格的其他组织才可能成为反不正当竞争法所调整的经营者，这就使反不正当竞争法的适用范围与市场主体登记联系起来。

（二）电子商务法中的市场主体登记规范

无论是从事电子商务活动的公司、合伙企业，还是在互联网上从事经营活动的自然人，都是商事主体。既然是商事主体，就应依照商法的基本要求进行市场主体登记。有鉴于此，《电子商务法》作出了电子商务经营者原则上登记、例外情形进行豁免的规定，即电子商务经营者应当依法办理市场主体登记。但是，个人销售自产农副产品、家庭手工业产品，个人利用自己的技能从事依法无须取得许可的便民劳务活动和零星小额交易活动，以及依照法律、行政法规不需要进行登记的除外。

1. 个人销售自产农副产品、家庭手工业产品

销售自产农副产品、家庭手工业产品的个人无须办理市场主体登记，但是对于此类行为需要准确把握相关的行为特征：①必须是自然人的行为；②销售的是自己生产的农副产品以及家庭手工业产品，而不能是从其他农户那里收购过来，然后集中通过网络进行转卖；③必须是通过互联网等信息网络进行销售。通常情况下，符合上述条件的，虽然也可能是一种持续的经营活动，但由于交易数额不大且频率较低，基于登记成本、鼓励发展的考虑，不要求此类经营者进行市场主体登记。

并非所有销售自产农副产品、家庭手工业产品的个人都可以依照《电子商务法》规定进行市场主体登记豁免。依照《电子商务法》规定，电子商务经营者所从事的经营活动，如果法律明确规定应当取得行政许可的，依照线上线下一致的原则，电子商务经营者应依法取得行政许可。食品行业属于特殊行业。依照《中华人民共和国食品安全法》（以下简称《食品安全法》）规定，从事食品生产、食品销售、餐饮服务的经营者应当依法取得食品经营许可证，但是销售食用农产品的经营者除外。也就是说，农户是否能得到豁免取决于其销售的是食品还是食用农产品。如果销售的是食品，那么就需要取得食品经营许可。根据《食品经营许可管理办法》规定，申请食品经营许可，应当先行取得营业执照等

合法主体资格。也就是说，农户如果想取得食品经营许可，就必须先满足"取得营业执照等合法主体资格"这个先决条件。

2. 个人利用自己的技能从事依法无须取得许可的便民劳务活动

虽然"个人利用自己的技能从事依法无须取得许可的便民劳务活动"符合经营活动的法律属性，但从事便民劳务的个人仍属劳动者的范畴。这些便民劳务活动不仅为个人生计提供了来源，更重要的是方便了群众生活。从提供劳务的便利性以及降低成本考虑，电子商务法对个人利用自己的技能从事依法无须取得许可的便民劳务活动进行登记豁免，确有必要且可行。此类电子商务经营者欲获得登记豁免，必须满足条件，具体为：①个人利用自己的技能提供的劳务活动，不得雇用他人实施，即不得存在雇佣关系；②从事的劳务活动不属于必须获得行政许可的范畴，如配钥匙、修鞋、修自行车、修手表、修伞、手机贴膜、织补衣服等便民劳务活动。

虽然上述活动不需要进行市场主体登记，但上述活动必须遵守相关法律法规的规定，同时接受国家发展和改革委员会、自然资源部、生态环境部、国家卫生健康委员会、国家市场监督管理总局、农业农村部、应急管理部等行政主管部门的监督管理。

3. 零星小额交易活动

电子商务法并未明确零星小额的判断标准。国家税务总局《企业所得税税前扣除凭证管理办法》规定，小额零星经营业务的判断标准是个人从事应税项目经营业务的销售额不超过增值税相关政策规定的起征点。《企业所得税税前扣除凭证管理办法》的规定可以作为实践中零星小额的判断标准。

（三）个体工商户的特殊登记规范

为进一步深化商事制度改革，积极支持、鼓励、促进电子商务发展，结合电子商务虚拟性、跨区域性、开放性的特点，国家市场监督管理总局颁布了《市场监管总局关于做好电子商务经营者登记工作的意见》，该意见充分运用互联网思维，采取互联网办法，按照线上线下一致的原则，为依法应当登记的电子商务经营者办理市场主体登记提供便利。

电子商务经营者申请登记成为企业、个体工商户或农民专业合作社的，应当依照现行市场主体登记管理相关规定向各地市场监督管理部门申请办理市场主体登记。电子商务经营者申请登记为个体工商户的，允许其将网络经营场所作为经营场所进行登记。对于在一个以上电子商务平台从事经营活动的，需要将其从事经营活动的多个网络经营场所向登记机关进行登记。允许将经常居住地登记为住所，个人住所所在地的县、自治县、不设区的市、市辖区市场监督管理部门为其登记机关。以网络经营场所作为经营场所登记的个体工商户，仅可通过互联网开展经营活动，不得擅自改变其住宅房屋用途用于从事线下生产经营活动并应做出相关承诺。登记机关要在其营业执照"经营范围"后标注"（仅限于通过互联网从事经营活动）"。

三、电子商务经营者的特殊责任

除依法办理市场主体登记外，《电子商务法》第二章还规定了电子商务经营者的依法纳税、依法取得行政许可、销售商品或者提供服务适法性、依法出具购货凭证或者服务单据、依法公示主体相关信息，上述义务是线上线下一致原则在电子商务领域的体现，即现行法律法规对线下经营者的要求同样适用于电子商务经营者。

（一）严禁电子商务经营者滥用市场支配地位

为了防止电子商务经营者滥用市场支配地位排除、限制竞争，衔接反垄断法的相关规定，《电子商务法》规定，电子商务经营者因其技术优势、用户数量、对相关行业的控制能力以及其他经营者对该电子商务经营者在交易上的依赖程度等因素而具有市场支配地位的，不得滥用市场支配地位，排除、限制竞争。《电子商务法》是对从事电子商务活动的电子商务经营者滥用市场支配地位，排除、限制竞争行为的宣示性禁止条款。反垄断法没有规定"市场支配地位"本身违法，电子商务经营者通过合理手段在竞争中取得市场支配地位，不在《电子商务法》的限制范围之列。然而，如果电子商务经营者通过其已经取得的市场支配地位限制、排除竞争，损害其他竞争者、消费者或者社会的利益，就需要法律加以规制。

1. 市场支配地位界定的一般标准

根据《中华人民共和国反垄断法》（以下简称《反垄断法》）规定，应当依据下列因素来认定经营者具有市场支配地位：

（1）该经营者在相关市场的市场份额，以及相关市场的竞争状况。

（2）该经营者控制销售市场或者原材料采购市场的能力。

（3）该经营者的财力和技术条件。

（4）其他经营者对该经营者在交易上的依赖程度。

（5）其他经营者进入相关市场的难易程度。

（6）与认定该经营者市场支配地位有关的其他因素。

有这些情形之一的，可以推定经营者具有市场支配地位：①一个经营者在相关市场的市场份额达到二分之一的；②两个经营者在相关市场的市场份额合计达到三分之二的；③三个经营者在相关市场的市场份额合计达到四分之三的。

上述规定为认定电子商务经营者是否具备市场支配地位的相关考量要素提供了重要的支撑。当然，电子商务经营者与传统行业经营者存在不同特点，因此适用反垄断法认定电子商务经营者占据市场支配地位，需要结合电子商务行业自身的特性进行认定。

2. 电子商务经营者市场支配地位的考量因素

在快速创新、高技术等因素的影响下，电子商务领域的一些垄断企业的商品即便取得再大的市场份额都有可能是暂时性的。此外，区别于传统产业，电子商务产业大多具有双边市场特征，判断其对相关行业的控制能力则有特殊性。双边市场中，价格与交易相关联是平台企业的竞争模式，其面对着来自双方市场的需求和定价结构的不对称，使得市场界定问题以及支配地位认定问题变得更加复杂。考虑到电子商务行业的特点，《电子商务法》认定电子商务经营者取得市场支配地位的要素主要包括以下四点。

（1）技术优势。在涉及的相关市场中，技术优势给予电子商务经营者相当大的竞争优势。在数字经济时代尤为如此，新技术能够给用户带来更好的使用体验，创新业务形态，激发更大的市场需求，也有助于推动电子商务经营者获得数据。技术竞争可以说是电子商务法经营者之间竞争的主要方式之一。因此，技术优势是判断电子商务经营者是否取得市场支配地位的主要考量因素之一。当然，技术优势是动态的，数字经济时代技术发展迅猛，破坏式创新屡屡出现，在考量技术优势的同时，需要谨慎综合考虑，而不能只着眼于某个特定时点。

（2）用户数量。用户数量直接与电子商务经营者的市场份额关联，是考察市场份额的重要参考。不同的行业地域背景下的数量标准体系也是不同的，需要确定时间维度并结合具体的地域、行业等背景谨慎判断。

（3）对相关行业的控制能力。在相关行业中，具有能够操控商品的价格、数量或者其他交易条件，或者能够妨碍、抑制其他经营者进入相关市场的能力和市场地位等是经营者控制行业能力的表现。

（4）其他经营者对该电子商务经营者在交易上的依赖程度。其他经营者在供求上对某特定电子商务经营者有更大的依赖性，则该电子商务经营者就越可能具有市场支配地位。能够控制上下游经营者的电子商务经营者在相关市场中具有极大的竞争优势，进而可以形成市场支配。

反垄断法通过规定市场结构标准以及其他相关因素来认定市场支配地位。传统行业中业已形成一套普遍认可的认定标准，但在电子商务领域却会陷入认定困境，因电子商务行业具有网络效应。企业产出越大，在达到某个临界点后，产品对顾客的价值就越大，此种网络效应可能引发正向反馈循环，出现滚动的累积效应，这对于强化电子商务企业的竞争优势、市场支配地位的形成具有一定的促进作用，用户数量也成为是否具有市场支配地位的考量因素。

正是由于电子商务行业具有网络效应，经营者的转移成本有时较传统行业更高，对于平台的依赖也严重影响了电子商务经营者对于市场的支配力，且基础技术与底层系统等必要设施的存在更加重了其对竞争的影响，因此，有必要就其他经营者对该电子商务经营者在交易方面的依赖程度大小这一因素对其是否拥有市场支配地位来进行考量。

（二）数据提供

1. 数据提供的理论基础

电子商务活动中存在大量信息交换现象，这些信息交换可能发生在电子商务经营者与一般用户之间，也可能发生在一般用户之间，当然还可能发生在电子商务经营者之间，但无论该交换过程发生在何种主体之间，却大都存在于平等的民事主体之间，体现民商事的典型法律关系。《电子商务法》规定，有关主管部门依照法律、行政法规的规定要求电子商务经营者提供有关电子商务数据信息的，电子商务经营者应当提供。这实际上是对电子商务法律关系中主体信息权利的限制，也即电子商务法律关系中，当事人并非在任何情况下都可以依据自己的意思处理电子商务数据信息，而要受到一定程度的限制。

私权实现受限于公共利益的保护。电子商务数据信息承载着电子商务法律关系中各方主体的数据权利，属于典型的私权范畴。无论其归属于财产权利还是归属于人身权利，都受到法律的保护。《宪法》规定，公民的合法的私有财产不受侵犯。上述规定是我国法律保护民事主体合法权利的一般原则。有原则必有例外，出于维护公共利益的需要或其他法定目的，经过法定程序可以对上述原则性规定进行突破，该条款就是典型的例子。一般来说，对私权的限制主要包括合法性限制、禁止权利滥用原则的限制和公共利益的限制。有关部门要求电子商务经营者提供有关电子商务数据信息也不外乎这几种情况。

2. 执法主体和执法对象

从实践角度来看，有关部门主要包括国家互联网信息办公室、国家发展和改革委员会、工业和信息化部、财政部、交通运输部、商务部、文化和旅游部、国家新闻出版署、中国人民银行、国家市场监督管理总局、国家互联网信息办公室、国家税务总局、海关总署、国家邮政局等，此外还包括司法行政部门和司法机关，例如公安机关、国家监察机关、人民检察院、人民法院。

电子商务数据信息是指基于电子商务活动产生的交易数据和个人信息，包括经营者身份信息、经营者资质信息、商品或者服务信息、交易记录、消费者个人信息等。这其中既包括正常电子商务活动中产生的合法信息，也包括一些在电子商务活动中产生的违法信息。

3. 提供数据信息的情形

有关部门要求电子商务经营者提供数据信息的情形可以包括：①行政机关为公共利益的需要依法作出的具体行政行为，而该具体行政行为要求公开相关的电子商务数据信息；②司法机关依法作出的决定、裁定和判决，要求电子商务经营者提供电子商务数据信息，或者相关的电子商务数据信息属于司法裁判中的证据的，那么根据司法机关的要求，电子商务经营者应当提供这些数据信息；③行政机关出于市场监管的需要，例如，审查电子商务经营者运营行为的合法性，维护电子商务市场秩序稳定，统计电子商务市场经营数据等，而要求电子商务经营者提供相关数据信息的，电子商务经营者应当提供；税务部门在调查、征收税款时出于征收税款的需要，而要求电子商务经营者提供相关数据信息的；④其他负有职责的机关为了追究违法犯罪行为，例如，公安机关为了调查网络违法犯罪行为，可能会要求电子商务经营者提供数据信息。

4. 执法部门的安全保障义务

电子商务经营者及参与电子商务活动的各种民事主体，其所有的合法数据信息应该得到法律保护，这是一般原则，即使出于保护更重要法益之目的而对其有所突破，也应在对数据信息权益损害最小的范围内进行，这就表现为索取数据信息的部门应采取措施控制数据信息传播的范围，防止泄露和损毁。因此，《电子商务法》规定，有关主管部门应当采取必要措施保护电子商务经营者提供的数据信息的安全，并对其中的个人信息、隐私和商业秘密严格保密，不得泄露、出售或者非法向他人提供。

主管机关一旦收集到电子商务信息以后，就同时负担了与电子商务经营者同样的对数据信息的安全保障义务。这是数据信息控制者应该承担的义务，当数据信息控制者的范围扩大时，负有安全保障义务的主体范围也随之扩大。国家机关的数据安全保障义务包括积极义务与消极义务。

（1）积极义务是指有关主管部门应采取措施保障数据的安全。该措施应符合必要性要求，即应达到保障数据安全的最低标准。《电子商务法》第 25 条并没有明确说明必要措施的具体标准，而是用概括的方式规定了所应达到的客观效果，即实现保障安全的效果而应采取的最低限度措施。各个主管机关所需要的数据信息存在差异，使用方式也可能有所区别，因此，不必要规定完全一致的安全保障标准，采用设定下限的方式较为得当。

（2）消极义务通常是指主管机关的不作为义务，即不得实施有损于数据安全的泄密、出售、非法提供等行为。国家机关不得故意泄露收集到的电子商务数据信息，如果是过失泄露了数据信息，则属于积极保护义务之违反。

国家主管部门收集数据信息的目的是实现部门的职能，其中包括法律授权范围内的信息公开等，不可以将电子商务数据信息用于销售营利之目的，此处的销售是指有偿提供的行为，广义上也应包括租赁的行为。非法提供是指没有法律或政策上的依据而向其他主体提供所收集到的数据信息，特别是指与其他主管部门分享数据信息。如果若干主管部门均有权向电子商务经营者要求提供相关数据信息，则应分别提出要求，而不能由一个主管部门索取后向其他主管部门提供，除非这种提供行为是法律或行政法规明确授权的。

第二章 消费者权益保护及其原则

第一节 消费者及其特征

一、消费者的界定

《中华人民共和国消费者权益保护法》（以下简称《消费者权益保护法》）规定：消费者为生活消费需要购买、使用商品或者接受服务，其权益受本法保护；本法未作规定的，受其他有关法律、法规保护。《消费品使用说明总则》中的界定更为明确，其规定消费者是为满足个人或家庭的生活需要而购买使用商品或服务的个人社会成员。后者更为明确地界定了消费者为个人社会成员而不包括单位。

二、消费者的特征

（一）消费者是与经营者对立的一个概念

有生产就有消费，就有消费者，消费者的历史可以说与人类自身的历史一样悠久。

消费者权益保护法意义上的消费者，是在消费者与经营者两大阵营的分化与对立的情况下产生的。随着人类社会生产力的发展，以价格自发调节为基础的市场经济体制的确立，社会分工逐渐成为可能和必要，市场主体因此日益分化为专门从事生产经营的经营者与并不从事生产经营的消费者两大阵营，并因此催生了消费者权益保护的需要。消费者是与经营者相对的一个概念，这是把握消费者特征的极其重要的一个方面。

（二）生活消费是消费者的核心

消费者是指为生活需要，购买、使用商品或者接受服务的单位和个人。"生活消费"

这一目的因素是消费者的核心内涵。

第一，生活消费是个非常广义的概念。从消费层次来看，生活消费既包括生存型的消费，也包括发展型的消费，比如，教育消费等；还包括享受型的消费，如，旅游、看电影；此外，还包括必要的奢侈型消费。随着人民群众物质生活水平的提高，将来可能会有很多消费者购买小游艇，甚至小飞机。从消费的性质来看，生活消费既包括物质性消费，如餐饮，也包括精神性消费，包括文化生活、精神生活、教育生活、体育生活，甚至卫生生活等。

第二，生活消费还是个开放的和发展中的概念。随着经济社会的发展，过去不认为是生活消费的，现在或将来可能变成生活消费，诸如，网络、在未来甚至月球旅行也将司空见惯。生活消费并不封闭，将随着人类物质文化生活的极大丰富，消费需求的层次不断演进。

第三，从举证责任角度看，消费者只要能初步证明其消费行为具有生活消费特征即已完成举证责任，除非经营者能举证证明消费者的消费行为不属于生活消费。

（三）消费者是商品或服务的终端用户

根据消费者权益保护法的规定，消费者的范围并不仅限于与合同有关的当事人。家庭成员、受赠予人等与经营者没有直接合同关系的个体也可以被视为法律上的消费者。这意味着，无论是否存在正式的购买合同，只要一个人使用、享受或接触某种商品或服务作为最终用户，他们都可以被视为消费者。换句话说，消费者最终是指使用商品或服务的终端用户。这种扩大的定义确保了消费者权益保护法的适用范围更加广泛，旨在保护所有使用商品或服务的个人，无论其与经营者是否存在直接合同关系。

消费者的外延以限于自然人为宜，即通常情况下，消费者指的是个人作为购买者或使用者的角色。然而，在考虑我国的现状时，我们需要注意到单位（如企业、机关、团体等）尤其工会为员工购买生活用品的情况。因此，目前的情况下，消费者的范围可以包括单位。

第二节　消费者正确的消费观念与行为

一、消费的基本理论

消费是人类得以生存和发展的最基本的活动。

第一，消费是生产的最终目的。社会再生产过程包括生产、分配、交换和消费四个环节，各个环节紧密联系、相互制约、相互作用，使社会再生产周而复始地不断持续运行。一个产品生产出来之后只有被人消费了，才能成为现实的产品；如果没有被消费，它就是废品。

第二，消费是生产发展的动力。市场经济是需求导向型经济，这里的需求首先是消费需求。消费问题解决不好，不仅会影响我们的生活质量和生活水平，还会使我们的经济状况受到损害，因为满足消费者的消费需求才能产生消费。

第三，消费的对象是商品或者服务。商品，在经济学上指的是用来交换、能满足人们某种需要的劳动产品。法学上，《消费者权益保护法》所指的商品是指与生活消费有关的并经过流通的物品。商品的范围远远大于《产品质量法》中的"产品"范围，只要是用于销售的，不论是否为经过加工制作的产品或者天然产品，也不论是否为动产或者不动产，更不论是否为成品、半成品或者原料，都是商品。

第四，服务是个人或社会组织为消费者直接或凭借某种工具、设备、设施和媒体等所做的工作或进行的一种经济活动。《消费者权益保护法》中的服务，是指与生活消费有关的、有偿提供的、可供潜在消费者接受的服务。共有四层意思：①与生活消费有关，作为生活消费的服务，其范围极为广泛，包括文化、体育、教育、金融、旅游、快递、交通、通信、娱乐等，外延还会随着社会进步进一步扩大；②可供潜在消费者接受，接受的对象是所有有需求的消费者，任何一个消费者只要符合接受服务的条件并付出相应费用都可以获得这种服务，而不是只为特定消费者提供的特定服务；③具有有偿性，消费者只有支付相应的费用才能接受服务，无偿性的生活消费服务是大量存在的，如亲友之间的互助互利，但不属于《消费者权益保护法》调整的对象；④具有合法性，消费者接受的服务不能违反法律禁止性规定。

（一）消费的属性

1. 主观感受性

消费体现了消费者的某些消费观念，不管是传统消费观念还是现代消费观念，都表现为一种习惯性消费认识。

2. 社会交往性

消费本质上是一种社会交往、社会沟通、社会互动和社会竞争的结果。这就决定了消费活动不可能仅仅是为个人，而是为他人、为社会所属的那个群体。许多人穿衣服总是与其所在群体的人相似，这一现象可以解释为：当个体与其群体成员的差异过大时，他们可能会经历被排斥和孤立的情境。任何一个人的消费观念的形成都会受到其他人的影响，所以消费体现社会交往性，都或多或少的带有他所处的那个群体的特征。

3. 文化传承性

消费不仅是一种行为，也是一种具有历史传承性的文化。文化影响和制约着消费行为，消费反过来影响和推动着文化的发展。不同国家、不同民族乃至不同的群体在消费上的差异，往往是文化的差异造成的。例如，在饮食文化方面，中国人倾向于表达喜庆和繁荣的意象，常常选择具有象征性的红色，并在共进餐时展现出给予他人夹菜的行为。相比之下，西方人更加强调个性化和自主选择的重要性，在用餐时倾向于独自享用自己的食物。

消费品本身也承载着文化，如，精美的纸扇，除了实用之外，还体现了设计文化、中国文化。消费行为本身也是具有文化内涵的，如，结婚典礼、生日宴会等既是一种礼俗文化，又是一种消费活动。

4. 地域民族性

地域和民族因素对消费观念的形成产生了显著影响，导致不同民族和地域之间存在着差异。

不同民族拥有独特的文化传统和历史背景，这对他们的消费观念产生了深远的影响。例如，东方文化中的中国强调集体主义、家庭价值观和尊重传统，这在其消费观念中得到体现。相比之下，西方文化中的美国和欧洲国家更加注重个人主义、个人表达和自由选择，这对他们的消费观念产生了不同的影响。

此外，地域因素也在一定程度上塑造了消费观念的差异。不同地域的气候、地理环境、经济发展水平和资源禀赋等因素都会影响人们的消费需求和偏好。例如，气候寒冷的地区可能更倾向于购买保暖衣物和取暖设备，而气候炎热的地区则更注重凉爽和防晒的产品。

因此，不同民族和地域之间的消费观念差异是多方面因素交织作用的结果，包括文化、价值观、历史、地理和经济等。这种多样性使得全球消费市场变得丰富多彩，并且需要企业在产品定位和市场营销策略上考虑到不同群体的需求和偏好。

5. 自然损耗性

在消费的过程中，商品常常经历自然损耗和消耗，从而导致其原始自然形态发生改变。这种自然损耗性是消费过程中的一个重要特征，因为它满足了人们的需求。

当人们购买商品时，这些商品往往具有特定的用途和寿命。随着使用和时间的推移，商品会经历磨损、损坏或耗尽，逐渐失去其原始状态。举例来说，一双鞋子会随着穿着而磨损，食物会被食用和消化，电子设备会随着使用时间而老化。这些自然损耗过程不可避免，但却满足了人们对新鲜、功能性和满足需求的渴望。

消费者的需求与商品的自然损耗性密切相关。人们购买商品是为了满足各种需求，如基本生活需求、娱乐、个人表达等。通过使用和消耗商品，消费者得以满足这些需求。例如，人们购买食物是为了满足饥饿感和营养需求，购买衣物是为了保暖和装饰，购买电子产品是为了享受便利和娱乐。

同时，商品的自然损耗性也推动了经济的运转和循环。因为商品具有一定的寿命和消耗速度，人们需要定期替换和购买新的商品。这促进了生产和供应链的活动，为经济增长提供了动力。

总之，商品的自然损耗性在消费过程中起着重要作用。它使原始的自然形态发生改变，满足了人们对新鲜、功能性和满足需求的渴望，并推动了经济的运转和发展。

（二）影响消费的要素

1. 收入水平

在现代社会，能力决定着收入，收入水平又影响和制约着人们的消费水平，并和消费水平呈正相关。通俗地讲，收入水平就是支付能力，就是购买力。人们可能有各种各样的需要，但是如果没有支付能力，就不能产生消费。

正是经济能力的差异，导致不同地区、不同群体的消费水平差异很大。贫困地区、低收入家庭，消费支出的较大比例用在基本生活必需品上，用于享受和发展的消费支出较少；发达地区、高收入家庭，消费支出的大部分用于享受和发展性的消费项目上。

2. 消费需求

消费需求就是消费者在某一个特定时间内，在某一个价格水平愿意而且能够购买商品或者服务的数量。一般来说，消费需求由两个条件决定，一是消费需要；一是支付能力。影响消费需求的因素很多，一般可以归纳为经济因素和非经济因素两大类。经济因素一般包括消费者的收入水平、相关消费品的价格等等。非经济因素包括人口数量与人口结构，不同职业、性别、地区、文化、年龄阶段的人消费需求也是不同的。

总体上讲，消费需求的差异性大，弹性也很大。消费者属于非购买专家，大多数人缺少关于商品的专业知识，在做购买决策时，更容易受到商品质量与款式的影响，还会受到广告、包装、营销员的营销策略及服务手段等影响。

人们通常倾向于通过比较商品价格与其所获得的实际效用来判断购买的划算性。这种以经济成本为导向的决策方法使人们在消费时更加关注商品的经济价值和实际成本。然而，这种决策方式常常忽视了其他方面的成本，即沉没成本和机会成本。

3. 消费偏好

不同的消费者具有不同的偏好和喜好，这对商品或服务的需求和市场呈现出多样性。消费者的偏好受多个因素的影响，包括个人特征、文化背景、社会环境和个人经历等。例如，个体的性格特征和兴趣爱好会影响他们对特定商品或服务的倾向性。文化背景和价值观的差异也会导致消费者对特定产品或服务的偏好存在差异。社会环境和个人经历则会影响消费者对品质、功能、品牌声誉和价格等方面的重视程度。

4. 消费环境

（1）宏观消费环境。在市场环境中，商品质量与市场秩序的好坏极大地影响消费需求。在政策环境中，政府的税收政策、利率政策、产业发展政策在某种程度上对企业消费供给能力有着较大的影响。政府如果对某种消费品增加税收，就会使生产和经营该产品的生产经营成本提高，削弱其供给能力。政府的出口退税政策，在一定程度上会鼓励相关企业增加出口消费品的生产和经营。

（2）微观消费环境。购物环境会影响到消费者的消费行为，商店的外部环境如外观设计、橱窗设计等会给消费者以不同的心理印象，激起不同的情绪感受，并且成为消费者某种行为的诱因或条件。商店的内部环境如商品陈列、主题意境、装饰品位等会加深消费者记忆，得到消费心理认同，增加满意度和美誉。

5. 消费供给

消费供给是指一定时期内，厂商能够并愿意提供给市场的消费品和服务的总和。消费供给是供给能力和供给愿望的统一，二者缺一不可。这里的供给能力不是指支付能力，而是指可用于生产和经营的各种资源，如资金、技术和工人等。当拥有这些资源后，还要看进行经营能不能盈利、有没有市场、有没有利润，经营者才会决定是否愿意生产供给，最终也会影响消费市场。

二、消费理念

消费行为是由选择、购买、使用（享受）三个相互联系的阶段构成的一个过程。在这个过程中，一个人通常要解决三个问题，即为什么买、拿什么买、去买什么。决定这三个问题的思想意识，就是消费观念。

（一）消费理念的分类及作用

消费理念是人们对待其可支配收入的指导思想和态度以及对商品价值追求的取向，是消费者进行或准备进行消费活动时对消费对象、消费行为方式、消费过程、消费趋势的总体认识评价与价值判断。通俗地说，消费理念就是左右人的消费行为的思想意识。任何消费，都体现了消费者的某种消费理念。

1. 消费理念分类

消费理念的形成和变革与一定社会生产力的发展水平及社会、文化的发展水平相适应。消费理念的形成既是民族文化长期积淀的结果，又是社会现实的直接反映。因此，消费理念可以有以下不同的分类：

（1）传统消费理念和现代消费理念。传统消费理念是历史形成的，经过一代又一代传承并且内化于心的消费规则和心理；现代消费理念则是现代社会形成的比较时尚和活跃的消费认识和心理，具有时代感。

（2）中国消费理念和外国消费理念。中国消费理念在长期的文化积淀下形成，强调集体主义和家庭观念，在中国传统价值观念中，节俭、勤劳和孝顺等观念深入人心，对个人消费的控制相对较强。外国消费理念因国家和地区的不同而有所差异，但普遍地，它们更注重个人主义和自由选择。

（3）正确消费理念和不良消费理念。正确消费理念注重满足真实的需求和合理的消费目的，消费者会根据自身的经济状况和实际需要，选择购买符合自己需求的产品或服务；而不良消费理念则倾向于盲目追求消费，将消费视为满足欲望和攀比的手段，追求短暂的虚荣感。

还可以有很多其他的分类方法，比如，民族不同，消费理念会有所不同；地域不同，消费理念会有所不同；年龄不同，消费理念也会有所不同。

2. 消费理念的作用

消费行为的激发是商品本身品牌形象、消费者的主要消费动机及消费理念等各种因素综合作用的结果，但消费理念在其中起了主导作用。

（1）消费理念影响消费者的品牌偏好。调查发现，消费理念越前卫，消费者越倾向于选择国际性的品牌；而保守的消费者大多根据价格、质量比而选择国内品牌。

（2）消费理念直接影响消费者对消费环境的评价。通过对消费理念指数和消费环境评价指数的相关分析可以发现，消费者的消费理念越前卫，其对消费环境的要求越高；保守的消费者对消费环境则没有太多的关注，对消费环境的要求也不高。因此，促进消费、提升消费理念必然使消费环境面对更为严峻的挑战，而消费环境的改善得通过政府、企业和各界组织的努力才可完成。

（3）消费理念影响人们对消费场所、消费方式的选择。人们一般认为，大型商场、超市商品价格合适，且商品质量有保证，物品比较丰富，服务也比较周到；同时，商场、超市进货频率高，也保证了商品的新鲜程度和新产品的不断投放。自由市场、批发市场虽然价格低，但大多是流动性强的个体户，价格失真比较严重且商品质量无法保证。

（4）消费理念直接影响人们的未来预期和未来消费。"老有所养、幼有所育、学有所教、住有所居、病有所医"的社会理想深刻影响着中国的消费者，乃至形成了人们的未来消费理念。不同的消费者比重有所不同，节俭型和量入为出型的消费者在未来的消费主要集中在住房和子女学业方面；而提前消费型的消费者未来的消费比重最高的会是旅游、汽车和金融投资。

（二）树立正确的消费理念

1. 合理消费理念

自古以来，我国就有勤俭节约和奢靡浪费这两种消费理念存在。崇俭黜奢不仅是历史上的主流消费理念，而且是一种美德。今天，我们需要站在俭奢统一的角度来确立自己的消费思想，即合理消费理念。大多数情况下，要对自己的消费有所节制，但在自己工作、生活有需要的情况下根据自己的消费能力去消费，可以偶尔奢侈，但是反对浪费。这也和消费者权益保护法律法规的倡导是一致的，如，《消费者权益保护法》规定，国家倡导文明、健康、节约资源和保护环境的消费方式，反对浪费。

2. 理性消费理念

理性消费是指消费者在消费能力允许的情况下，按照追求效用最大化的原则进行的消费。理性消费一定是在深思熟虑后，在对比商品的品质与价格后最终做出的购买决策。做好理性消费一定要符合这样一个逻辑，即先想清楚自己的欲望和需要的标准是什么，然后再决定你能付出多大代价，最后再去寻找一个合适的消费品集合。

实现理性消费，消费者应在考虑自身需求的情况下，多琢磨商家的心理，只有了解商家心理的消费者才可能做到真正的理性。

3. 绿色消费理念

绿色消费理念也叫作健康消费理念。绿色，代表生命、健康和活力，是充满希望的颜色，绿色是无污染、无公害、环境保护的代名词。从产品的角度来看，绿色消费的定义为：避免使用危害到消费者和他人健康的商品；避免使用在生产、使用和丢弃时造成大量资源消耗的商品；避免使用因过度包装，超过商品物值或过短的生命期而造成不必要浪费的商品；避免使用出自稀有动物或自然资源的商品；避免使用含有对动物残酷或不必要剥夺而生产的商品；避免使用对其他国家，尤其发展中国家有不利影响的商品。

国际环保专家将绿色消费概括为 5R 原则，具体为：①节约资源，减少污染；②绿色生活，环保选购；③重复使用，多次利用；④分类回收，循环再生；⑤保护自然，万物共存。可见，绿色消费理念涵盖了生产行为、消费行为的方方面面。这一理念要求人们在选购商品和使用物质产品和服务时，既要有利于自身健康，有利于自身的发展，又要避免或者减少甚至不破坏生态环境，对后代的生存和发展不构成威胁。这是一种具有生态意识的、高层次的理性消费理念，也称可持续消费。

三、选择正确的消费行为

消费者的消费行为由以下两个部分构成。

第一，消费者的购买决策过程。购买决策是消费者在使用和处置所购买的产品和服务之前的心理活动和行为倾向，我们称之为消费决策。

第二，消费者的购买行动。消费者的购买行动则更多的是购买决策的实践过程。

在现实的消费生活中，这两个部分紧密相连、相互渗透、相互影响，共同构成了消费行为的完整过程。

（一）消费心理

消费心理就是消费者进行消费时产生的心理活动，是指消费者在寻找、选择、购买、使用、评估和处置有关商品和服务时所产生的心理活动，包括消费者观察商品、搜集商品信息、选择商品品牌、确定购买方式、使用商品、向生产经营单位提供信息反馈等等心理行为。

心理过程分为 7 个阶段：①产生需要；②形成动机；③搜集商品信息④做好购买准备；⑤选择商品；⑥使用商品；⑦对商品使用的评价和反馈。消费者心理受到消费环境、消费引导、消费购物场所等多个方面因素的影响。消费心理是消费者进行消费行为的强大心理作用力。企业往往通过对消费者心理的影响，制定相应的营销策略。

一般的消费者主要有四种消费心理，分别是从众心理、求异心理、攀比心理、求实心理，具体如下。

1. 从众心理

从众心理指个体在社会群体的无形压力下，不知不觉或不由自主地与多数人保持一致的社会心理，通俗地说，就是"随大流"。通常情况下，多数人的意见往往是对的。从众服从多数，一般是不会错的。但缺乏分析，不做独立思考，使从众心理具有仿效性、盲目性。消费是否该从众，要具体分析，盲目从众不可取。

2. 求异心理

求异心理是与从众心理相反的一种心理现象，追求一种与社会流行不同的消费倾向。求异心理的特点是追求标新立异、与众不同。利在于可以推动新工艺与产品出现，而弊在于展示个性不但要考虑社会认可，还要考虑代价。为显示与众不同而过分标新立异，不值得提倡。

3. 攀比心理

攀比心理也叫同步心理，即相同的社会阶层，在消费行为上有相互学习的倾向。攀比心理其实是一种面子消费，这种消费心理不可取。

4. 求实心理

消费者在选择商品时往往考虑很多因素，但总体上追求实惠，根据自己需要选择商品，这是一种理智的消费心理。

(二) 消费动机

消费动机是引导顾客购买活动指向一定目标，以满足需要的购买意愿和冲动。从关系上说，消费心理是消费动机的驱动力。从其表现来看，消费者的消费动机可以归纳为以下两大类。

1. 理智动机

适用、经济、可靠、安全、美感、使用方便、购买方便、售后服务好等心理都可以纳入理智动机的范畴。

2. 感情动机

感情动机主要是由社会的和心理的因素产生的购买意愿和冲动。但我们不能简单地认为感情动机就是不理智动机，这要区别对待。感情动机很难有一个客观的标准，但一般认为，好奇、炫耀、攀比、从众、圈子、标新立异、尊重等购买动机可归入感情动机的范畴。

（三）消费方式

消费方式就是人们消耗和享受消费对象的方法和形式。它主要说明特定环境下的消费者如何消费、如何获取消费对象物的形式，包括消费者以什么样的身份、采取什么形式、运用何种方法取得消费资料和服务，以满足自己的需要。

1. 一般分类

消费方式可以按不同的标准进行分类。

（1）从消费需求满足角度，分为个人消费、家庭消费和群体消费。

第一，个人消费，满足消费者个人需要的消费属于个人消费。如，为个人购买的食品、衣物、生活用品、文化用品、耐用消费品等。个体消费具有长期性和必要性。因为现实中，人们的收入存在着差异，消费水平高低不同，享用消费品的多少也不同，质量和档次也不同，所以个人消费是主要形式。

第二，家庭消费，是指家庭中实现基本生活、子女教育等目标的消费支出。家庭是社会的基本细胞，从建立之日起就有消费目标。家庭消费的主要内容包括：满足家庭成员生存需要的物质资料的消费，如，吃穿住行用等方面；满足家庭精神文化生活需要的消费，如教育、文娱活动、旅游参观等方面；满足家庭社会交往的消费，如，礼尚往来方面。

第三，群体消费，满足集体、社会消费需要，并由集体、社会出资的消费。人们还有众多的共同需要，要依靠群体消费才能满足。如，教育、出版、文化艺术、运输、邮电、剧院、电影院、保险等，不仅需要大型的基础设施，还需要一定的规范和行为准则。

（2）从消费主体的行为特征角度，分为计划型、随意型、节俭型和超前型。

第一，计划型。计划型消费是指按收入的实际情况和生活目标制定计划，消费时大致按计划进行，非常理智，很少出现盲目和突击性消费。比如有这样的消费者，春节前先定出自己的消费计划，花钱的预算是15000—20000元。这种消费方式就是典型的计划型消费。

第二，随意型。随意型消费是指消费者在购买决策中完全按照个人的喜好和临时起意行事，较少考虑整体消费效益，表现为在消费过程中金钱支出较为随意。这种消费模式下，个体会倾向于花费大量资金购买自己喜欢的物品，而无论金额的多少。他们可能会在看到心仪的商品时毫不犹豫地进行大量购买，也会受到他人购买的影响而跟风购买，同时广告宣传和销售员的推销手段也会对其消费决策产生影响。然而,这种消费者相对容易陷入盲目消费和浪费性消费的困境。

第三,节俭型。节俭型消费表现为消费时精打细算,能省就省。这一类型的消费方式能够使家庭逐渐殷实。然而,过于节俭有时可能会有因过量购买造成积压的消费。

第四,超前型。超前型消费是指在超过暂时的收入能力的情况下将今后的收入提前到现在支出。随着人们消费观念的变化,超前型消费正在中国逐渐盛行,特别是在购买大件物品如房子、车子时,消费者采取分期付款、信用借贷等方式提前进行消费。

这几种消费方式各有利弊。过分按计划消费,遇到临时性的消费时有可能错过好产品或好服务。随意型消费容易导致浪费和损失,有可能导致入不敷出,没有积累。节俭型消费原本大多是老年人的选择,但年轻人适当的节俭也可以带来可观的收益。超前型消费让消费者多了个性化选择,但如果提前透支超出自己的还贷能力,就会使自己背上沉重的债务包袱。人们在具体消费活动中应注意协调与规划。

2. 决定消费方式的因素

就个人而言,消费力是决定消费方式的主要因素,因为消费力所包含的购买力和个人才能对消费方式的质量、科学性、先进性和发展方向起决定性作用。购买力很低,消费方式就会受到限制。

消费方式的另一个决定性因素是个人所具备的科学文化水平、消费知识和消费技能。即使这个人再富有,购买力再高,若他的消费才能低下,他也可能一时陶醉于低级的、腐朽的甚至罪恶的消费方式而不能自拔。

另外,影响消费方式的因素还有民族传统、文化传统、风俗习惯、地理位置、自然条件,以及职业、年龄、性别和个性特征等。如职业差异,有的看专业读物,有的看大众读物;如性别差异,豪华汽车市场大多数以男性为主要营销目标。

(四) 坚持科学消费决策

消费者要正确掌握并运用消费决策原则。

1. 符合家庭最高利益原则

家庭是社会的基本单位,家庭成员一般有丈夫、妻子和孩子。一方面,消费者购买决策的形成和过程既有个人因素,也很容易受到家庭的影响;另一方面,消费者的消费决策及行为不是为了个人消费,而是为了家庭消费。就家庭消费而言,收入总是消费的决定条件。在收入一定的情况下,消费范围及其满足程度自然也是有限的。这就要求消费者必须有所取舍、有所选择，个人消费要服从家庭消费需要。不能只顾自己满足，不顾整体需要；不能只顾眼前需要，不管长远需要。在进行消费决策时，所有家庭成员应就消费目标达成一致，做到充分的沟通交流。

2. 相对满意即可的消费原则

现代社会的商品世界纷繁庞杂，市场信息应接不暇、瞬息万变。消费者受主客观环境的限制，不可能详尽、完整地占有信息，并对各种方案进行准确无误的评价比较和精准选择，也不可能花费许多时间和精力去获得所需的全部信息。何况一个人的欲望永无止境，永远不可能达到绝对的最大限度的满意。在进行消费决策时，消费者只需要做出相对合理的选择，即达到相对满意即可，哪怕最后的结果有一定程度的遗憾，也符合自己的心理预期。这一原则的运用，既可以缩小消费选择的范围，也可以节约消费决策时间，还可以缓解不满意导致的心理失衡，提高消费的幸福感。

3. 符合消费需要层次逐步提高原则

一个人、一个家庭的消费目标要随着社会的发展及家庭经济能力的提高而逐步提高。在满足生存资料需要的情况下，再考虑享受资料和发展资料的需要。同时，在基本的生存需要满足之后，也不能舍弃更高层次的消费需要，要不断增加发展性消费的比重。要防止出现超前型的消费决策倾向和滞后型的消费决策倾向。

4. 符合消费本身科学标准的原则

消费本身有一定的科学标准，这是进行消费决策时不能违背的。例如，如何搭配膳食才能更加有营养，这要看个体身体状况。只有在尊重科学的前提下进行消费，才能取得满意的消费效果。

（五）做出适当的消费选择

各种消费方式五花八门，选择一种正确的消费方式非常重要。因为合理的消费可以为个人和家庭的发展打下良好的基础。

1. 坚持合理消费

量入为出、崇尚节俭是中国人的传统美德。现代社会坚持这一原则对我们从代际公平的角度进行可持续消费仍具有现实意义。但是，量入为出并非是要求大家做禁欲主义者，而是要顺应时代发展趋势进行合理适度的消费。合理适度消费从宏观上讲是要将消费的增长建立在生产发展和经济效益提高的基础上，消费的增长速度应低于生产的增长；从微观上讲，则是要求消费者的消费支出应与自身收入水平大致持平，消费水平的提高应是一个渐进的过程而不是一个剧变的过程。合理适度消费是指家庭消费要有计划、讲科学，避免盲目、浪费、炫耀和愚昧性消费，要让有限的财力发挥出最大的消费效用。

2. 端正价值导向

端正价值导向是一个重要的方面。个人应该树立正确的价值观，培养健康的生活方式。这意味着要意识到不良思想和生活方式对个人和家庭的负面影响，并有意识地抵制它们的侵蚀。例如，对于过度消费，个人可以树立理性消费的观念，避免盲目追求物质享受而忽视长期的财务稳定和家庭福祉。

3. 鼓励多元消费

随着经济社会文化和互联网技术的发展，消费者的消费个性日益突出，消费多元化成为一种必然的趋势。在这种趋势下，应该充分尊重消费者的自主选择权，让消费者根据自己的收入水平和不同的生活情趣去安排消费，建立适合自己经济条件的科学的消费模式。

第三节　消费者的基本权利及其保护机构

一、消费者的权利

消费者的权利是消费者权益保护法律制度的核心，是指消费者为生活需要购买、使用商品或者接受服务时依法所享有的权利。

（一）消费者的安全权

消费者的安全权，是指消费者在购买、使用商品或者接受服务时所享有的人身和财产安全不受侵害的权利。安全权是消费者最基本、最重要的权利，是其他一切权利的前提和基础。如果没有安全权的保障，消费者的其他权利都无从谈起。

《消费者权益保护法》规定，消费者在购买、使用商品和接受服务时享有人身、财产安全不受损害的权利。消费者有权要求经营者提供的商品和服务，符合保障人身、财产安全的要求。上述规定明确了消费者的安全权，也是《宪法》规定的"保护公民的人身及财产不受侵犯"这一公民基本权利在《消费者权益保护法》中的具体体现。

消费者的安全权包括人身安全权和财产安全权。人身安全权是指消费者在购买、使用商品和接受服务时享有人身安全不受损害的权利，主要包括消费者的生命安全权和健康安全权两个方面的内容。财产安全权是指消费者的财产不受损失的权利，财产损失可以表现为财产损毁，也可以表现为财产价值的减少。需要指出的是，财产安全权所指的财产不仅仅局限于消费者购买、使用的商品本身，还应当包括与消费者购买、使用的商品无关而同属于消费者所有的其他财产。

《消费者权益保护法》规定，消费者有权要求经营者提供的商品和服务，符合保障人身、财产安全的要求。这要求经营者提供的商品或服务必须具有合理的安全性，不得提供有可能对消费者人身及其财产造成损害的不安全的商品或服务；经营者提供的消费场所应具有必要的安全保障，也就是说，消费者在购买商品、接受服务以及使用商品的整个消费过程中，其安全都要得到保障。

除了《消费者权益保护法》的一般规定外，有关消费者的安全权在《中华人民共和国食品安全法》《产品质量法》《中华人民共和国侵权责任法》等法律法规中也有所体现。只有经营者真正做到严格遵守这些法律规范，才能切实保障消费者的安全权。

（二）消费者的知情权

知情权是指消费者依法享有的了解与其购买、使用的商品或者接受的服务有关的真实情况的权利。消费者购买的商品和接受的服务是否能够满足其生活需求，只有在对该商品和服务进行适当了解的基础上才能知悉。而且，消费者只有了解了商品和服务的真实情况，才能做出正确的消费选择，并且用正确的消费方式去消费商品和服务。

作为消费者权利体系的前提性与基础性权利，消费者的知情权主要包括三个方面内容：①消费者有权知悉关于商品或者服务的基本情况，包括商品名称、商标、产地、生产者名称、生产日期，服务的内容、规格等；②消费者有权知悉关于商品的技术状况，包括商品用途、性能、规格、等级、所含成分、有效期限、使用说明书、检验合格证等，一般来说，消费者购买商品是为了使用，所以了解商品的用途、性能以及使用方式是十分重要的，对于那些有可能危及消费者人身、财产安全的商品尤其如此；③消费者有权知悉关于商品或者服务的价格及商品的售后服务情况。商品或者服务的价格是进行交易的关键，直接关系到经营者和消费者的切身利益，消费者应该对其有确切的了解，尤其对提供的服务的价格。此外，商品经营者所能提供的售后服务，对消费者做出消费的决定也很重要，消费者有权知悉。

经营者按照消费者知情权的有关规定提供的信息必须符合以下要求：

第一，信息必须是真实的。即经营者所提供的信息应当是实际的状况，它必须是确定的，不得虚构或含有虚假内容。《消费者权益保护法》规定，经营者向消费者提供有关商品或者服务的质量、性能、用途、有效期限等信息，应当真实、全面，不得作虚假或者引人误解的宣传。但在实际生活中，侵犯消费者知情权的现象并不少见。例如，有的经营者对食品虚假标示有效期限、不标明其真实产地等，便是侵害消费者知情权的具体表现。

第二，信息必须是准确的。即经营者所提供的信息应当准确无误地说明商品和服务，不得存在误导性陈述，也不得以模糊不清的语言使消费者对其提供的信息产生误解。例如，一些保健食品经营者宣传其产品功效时存在误导性陈述使消费者误认为其产品有治疗或预防某些疾病的功能。

第三，信息必须是完整的。即消费信息应当多角度、多侧面、多层次和多方位地提供，从宏观到微观，从表层到深层完整地反映产品或服务的全貌。

消费者依照《消费者权益保护法》享有知情权，意味着消费者可以享有两方面的权利：一是被告知的权利。这表现为一种消极权利。消费者知情权的实现，极大地依赖于经营者告知行为的支持。而经营者是否告知，除了受到消费者选择形成的市场竞争压力外，还受到来自政府的管制。如果经营者不履行告知义务，就构成对消费者权利的侵犯。二是主动获得信息的权利。由于知情权的请求权性质，消费者可以主动要求经营者公开自己所需要的信息，或者采取其他方式积极索取或者查阅有关信息来实现自己的权利。

消费者行使知情权也受到相应的限制。法律规定，消费者有权通过询问经营者来了解商品的成分、品质等相关内容，但同时法律又规定，经营者有权通过商业秘密保护的形式来隐藏商品的有关信息，如配方等内容。这就造成了消费者知情权与经营者商业秘密保护权之间的矛盾冲突的问题。

（三）消费者的选择权

消费者的选择权是指消费者根据自己的意愿自主地选择其购买的商品或者接受服务的权利。消费者购买商品或者接受服务都有不同的目的，可能为了满足自己的生存、生活、发展或者享受等需求，也可能是为了满足他人的需要。因此，必须允许消费者根据自己的偏好、习惯、购买意图和要求，对购买的商品或者接受的服务做出选择。如果不允许消费者自主选择，购买的商品或者接受的服务就不能充分地满足消费者的需求。

《消费者权益保护法》规定，消费者享有自主选择商品或者服务的权利。消费者有权自主选择商品或者服务的经营者，自主选择商品品种或者服务方式，自主决定购买或者不购买任何一种商品、接受或者不接受任何一项服务。消费者在自主选择商品或者服务时，有权进行比较、鉴别和挑选。这一条规定了消费者的选择权，是民法上自愿原则的体现。

1. 选择权的内容

消费者的选择权，是消费者通过消费满足生活需要的一项重要权利，具体包括以下四个方面的内容。

（1）消费者有选择是否消费的权利，消费者既可以自主地选择进行特定消费，也可以自主地选择不进行消费。任何经营者不得强迫消费者购买和接受其提供的商品或者服务。

（2）消费者有选择消费交易对象的权利，消费者有权自主地选择其购买商品或者接受服务作为交易对象的经营者，既可以选择购买或者接受这个或者那个经营者的商品或者服务，也可以选择不购买或者不接受这个或者那个经营者的商品或者服务。任何经营者不得强迫消费者购买和接受消费者所不需要或者不满意的商品或者服务。

（3）消费者对经营者的商品或者服务有进行比较、鉴别、挑选的权利，消费者对经营者经营的商品或者提供的服务，有权进行比较、鉴别、挑选，根据自己的经济状况、消费偏好、意愿和需要最终选择自己满意的商品或者服务，任何人都不能强迫消费者购买和接受消费者不满意或者不愿意购买的商品或者服务。

（4）消费者有自主决定购买或者不购买某一商品、接受或者不接受某种服务的权利。消费者在对商品或者服务进行鉴别比较的基础上，根据自己的意愿决定购买或者不购买某一商品，接受或者不接受某一服务。只要消费者在挑选过程中没有对经营者造成损害，经营者就不得强迫消费者购买或接受。经营者可以为消费者正确行使选择权提供各种信息和咨询意见，但是不能代替消费者做出决定，不能用暴力、威胁等手段强迫消费者进行交易。

2. 选择权的特征

（1）消费者选择商品和服务的行为必须是自愿的。买与不买，买这样的还是买那样的，从这里买还是从那里买，最终取决于消费者的购买决策。在实际生活中，由于消费者缺乏对具体商品和服务的认识和了解，在选择时经常流露出试探和犹豫心理，在这种情况下，经营者应当主动向消费者介绍该商品或服务的知识，实事求是地推荐商品和服务。但是，这种介绍、推荐和帮助不能代替消费者的意志，更不能违背消费者的意愿。

（2）消费者自主选择商品和服务的行为必须是合法行为，自主选择权是相对的，它必须依照法律，遵守社会公德，不得侵害国家、集体和他人的合法权益。如，在批发商店，消费者就不能任意主张自主选择权，硬性要求经营者零售其商品。

（3）选择权只能在购买商品或者接受服务过程中行使。毋庸置疑，消费者在决定购买商品或者接受服务之前，可以充分行使和处分自己的选择权。值得注意的是，消费者在购买商品或者接受服务的过程中仍然享有进一步的选择权。例如，消费者在餐厅就餐，选择这家餐厅就餐是行使选择权，选择点哪些菜品也是在行使其选择权。此时，经营者必须充分尊重消费者的选择权，而不能够强制消费者进行选择或消费。

除了《消费者权益保护法》对消费者的选择权做出了明确规定外，《反不正当竞争法》还规定了经营者在消费者选择权方面所承担的义务：经营销售商品，不得实施商业混淆行为引人误认；不得进行欺骗性有奖销售或者巨奖销售；不得编造、传播虚假信息或者误导性信息，损害竞争对手的商业信誉、商品声誉；不得未经其他经营者同意在其合法提供的网络产品或者服务中，插入链接、强制进行目标跳转；不得恶意对其他经营者合法提供的网络产品或者服务实施不兼容；不得误导、欺骗、强迫用户修改、关闭、卸载其他经营者合法提供的网络产品或者服务。上述规定既是经营者的义务，也是对消费者选择权的有力保护。

（四）消费者的公平交易权

在消费法律关系中，消费者和经营者是平等民事主体，具有平等的法律地位。但是，交易活动中各种因素的影响，使消费者处于事实上的弱者地位，法定的公平原则在消费者和经营者的交易中难以得到保障。因此，《消费者权益保护法》特别强调了消费者的公平交易权，该法规定，消费者享有公平交易的权利。消费者在购买商品或者接受服务时，有权获得质量保障、价格合理、计量正确等公平交易条件，有权拒绝经营者的强制交易行为。如果经营者在交易时违背自愿、平等、公平、诚实信用的原则，就侵犯了消费者的公平交易权，应当承担相应的法律责任。

从上述规定可以看出消费者所享有的公平交易权主要体现在以下方面。

第一，消费者有权获得质量保障的公平交易条件。质量是指商品或者服务的优劣程度，它反映了商品或者服务的使用价值。消费者花钱买东西或接受服务，当然要获得与价格相符的使用价值，否则，就是不公平的交易。商品或者服务的质量得不到保障，轻则使消费者财产受损失，严重的可使消费者健康和生命受到危害。消费者有权获得质量保障，有权要求商品和服务符合国家、行业、地方、企业标准的要求。没有标准的，要符合社会普遍公认的安全及卫生要求。

第二，消费者有权获得价格合理的公平交易条件。价格是商品或服务价值的货币表现，它是等价交换、质价相符的尺度。价格合理要求商品或者服务的价格与其价值相符。对国家定价的商品和服务，必须严格按照国家定价执行；对国家没有定价的，应由经营者与消费者按照价值规律合理确定。根据有关法律的规定，涉及广大社会公众切身利益的商品及服务价格的确定，必须严格按照价格听证程序进行。另外，商品或者服务价格的表述还应当符合社会一般公众的交易习惯，不得故意误导消费者或做出不符合社会一般公众的交易习惯的解释。

第三，消费者有权获得计量正确的公平交易条件。计量正确包括两层含义：①计量器具的使用要符合法律、法规的规定，使用何种计量器具，应当按照有关计量法律的规定执行，生产经营者应自觉守法，遵守职业道德，不得在计量器具的使用上弄虚作假；②计量准确、数量充足，这要求经营者在提供商品或者服务时，计量应当准确，消费者对不足分量、缺斤少两的有权要求补足或者退回多收的价款；③消费者有权拒绝经营者的强制交易行为。强制交易行为的特征是违背消费者的意愿。其表现形式多种多样，有的经营者强迫消费者消费、强行搭售，有的公用企业利用经济优势或者垄断地位强制消费者消费其指定的商品等。以消费者自身的力量，有时无法拒绝这些强制交易的行为，因此，需要法律予以特别保护。强制交易行为既侵犯了消费者的自主选择权，又侵犯了消费者的公平交易权。消费者拒绝强制交易行为，同时也是维护自己自主选择商品和服务的权利。

二、消费者权益保护的主要机构与组织

（一）消费者组织

消费者组织是在一定的历史条件下和一定的具体环境下，适应保护消费者利益的需要逐渐建立和发展起来的。根据《消费者权益保护法》规定，消费者组织是依法成立的对商品和服务进行社会监督的保护消费者合法权益的公益性社会组织。

消费者组织具有社团的共性，又具有不同于一般的社会团体的个性。简言之，具有以下鲜明的特点。

1. 宗旨性

宗旨性是根据一定目标而运行的社会组织，即旨在代表和维护消费者的合法权益。它只代表消费者的根本利益，站在消费者合法权益的立场，对商品和服务进行社会监督。

2. 公益性

消费者组织是按照一定的程序组织起来的非营利性的社会团体，不同于企业等营利性法人具有的营利性，不仅在职责上体现了公益性，而且在财政保障上接受政府和社会的保障或资助，但不直接接受企业的经济支持，更不为党派和商业活动所利用。

3. 法定性

（1）法定性体现在它的成立上，即"依法成立"。

（2）法定性体现在它的活动上虽然以独立或相对独立的方式进行活动，但它是在法律允许的范围内进行活动，并有赖于立法、司法和行政机关的支持。

（3）法定性体现在它的职责上，即有法定的职能。

4. 群众性

从本质上讲，消费者组织不是国家机构的组成部分，也不同于一般的社会组织。它是国家法律明确支持成立并在国家社会治理中具有特殊地位的群众性组织。服务对象不是仅为一部分人或组织，而是宏观不确定的所有消费人士的合法权益。消费者组织基于其非官方性的特点，处理问题迅速便捷，可以不受行政机关干预，又避免行政和司法方面的繁文缛节，它仅以消费纠纷调解人的身份出现，容易为经营者和消费者接受。既弥补了在政府部门中没有一个专门保护消费者合法权益机构的缺陷，又以更加超脱和公正的社会地位填补了国家机构在消费者权益保护领域的不足。

（二）司法机关

1. 人民检察院

人民检察院是专门行使法律监督权的国家机关。其在消费者权益保护方面的职责主要包括以下方面。

（1）通过立案侦查活动，对严重侵害消费者的违法职务犯罪行为进行查处，维护消费者权益。对经济活动中的违法犯罪行为进行监督是人民检察院法律监督的一个重要方面。

（2）通过提起公诉、支持公诉，使严重侵害消费者权益的行为受到刑事制裁。对人民检察院自行立案侦查的以及由公安机关立案侦查的严重侵犯消费者权益的案件，认为构成犯罪的，人民检察院可以提起公诉。并在法院审理这些案件时，派人出庭支持公诉。通过提起及支持公诉，在法庭上进一步揭露犯罪行为，陈述予以惩治的必要性，协助法院弄清犯罪的事实、情节以保证法院正确适用法律、定罪量刑，使侵犯消费者权益的犯罪分子受到法律的应有惩罚。

（3）通过对审判活动的监督，维护法律的权威，保护消费者权益。对审判活动进行监督是人民检察院的一项重要工作。它既包括对刑事案件的审判活动进行监督，也包括对民事、行政案件审判活动进行监督。除了对庭审活动进行监督、指出其中存在的问题、提出意见外，还可以根据行政诉讼法、民事诉讼法和刑事诉讼法的规定，对生效判决引起再审程序。通过对审判活动的监督，使犯罪分子受到应有的制裁，消费者合法的诉讼请求能获得法律的保护。

（4）根据法律规定，代表消费者提起民事公益诉讼，保护消费者权益。《中华人民共和国民事诉讼法》（以下简称为《民事诉讼法》）规定，对污染环境、侵害众多消费者合法权益等损害社会公共利益的行为，法律规定的机关和有关组织可以向人民法院提起诉讼。人民检察院在履行职责中发现破坏生态环境和资源保护、食品药品安全领域侵害众多消费者合法权益等损害社会公共利益的行为，在没有前款规定的机关和组织或者前款规定的机关和组织不提起诉讼的情况下，可以向人民法院提起诉讼。前款规定的机关或者组织提起诉讼的，人民检察院可以支持起诉。

人民检察院作为国家法律监督机关对国家法律的实施负有全面监督职责。通过各方面的监督活动，督促经营者自觉地履行义务。各国家机关自觉履行法律规定的保护消费者权益的职责，保障消费者的合法权利方能够全面地实现。

2. 人民法院

人民法院是国家审判机关，通过审判权的行使保护消费者的合法权益。人民法院在消费者权益保护中的职责主要包括以下方面。

（1）通过对刑事案件的审理，打击严重侵犯消费者利益的违法犯罪行为。许多严重侵犯消费者权利的行为都构成犯罪，如，出售有毒有害商品致使消费者人身财产遭受严重损害的行为，严重侵犯消费者人身自由的行为，假冒商标的行为，出售假药致使消费者死亡和严重中毒的行为，国家工作人员玩忽职守或包庇经营者侵害消费者权益情节严重的行为等。通过对这些案件的审理，追究违法犯罪分子的刑事责任，维护社会经济秩序，保护消费者的合法权益。

（2）通过对民事（经济）案件的审理，追究经营者的民事责任，使受害消费者获得及时、充分的补偿。经营者侵犯消费者利益的行为大多表现为民事性质的侵权、违约行为。如，制造、出售有缺陷产品致使消费者人身财产受到损害的产品责任侵权行为；对消费者进行侮辱、殴打，尚未造成严重后果的人身侵权行为；提供产品、服务，不符合合同规定的违约行为等。对这些侵害消费者利益的案件进行审理，可以使侵害消费者利益的经营者承担民事责任，同时使消费者的损害得到及时、充分的补偿。

（3）通过对行政案件的审理，维护消费者的合法利益，督促国家行政机关严格履行保护消费者的职责。消费者在购买、使用商品及接受服务时，也可能受到国家行政机关及其工作人员不正当行使职权行为的侵害。例如，消费者在购买商品时与经营者发生纠纷，公安机关在未弄清事实的情况下，对消费者做出不当的治安行政处罚。在这种情况下消费者就可能提起行政诉讼。有时，经营者合法的对消费者有利的经营行为也可能受到行政机关不当处理，如有些地区受地方保护主义的影响强迫经营者只能销售或搭售本地生产的劣质商品，在这种情况下也可能发生行政纠纷，诉诸法院。人民法院通过对这些案件的审理，一方面可以维护消费者的合法利益；另一方面可以防止国家行政机关滥用行政权力，或不履行法律规定的职责，侵犯消费者利益的行为发生，督促行政机关正确地履行保护消费者的职责。

（4）通过司法解释、司法创制活动，阐释法律的含义，补救现行法律之不足，使消费者权益保护法得以正确实施，消费者权益获得更充分的保障。最高审判机关是有权做出司法解释的国家机关，通过司法解释，阐述法律的深层含义，有利于全面准确地理解、适用和遵守法律。同时，在法律没有明文规定的情况下，审判机关还可以根据宪法、消费者权益保护法和其他法律规定的一般原则进行司法创制活动，弥补现行法律规定之不足。这样，既可以使具体案件中消费者的正当利益得到保护，也可以促进消费者权益保护法律制度的逐步完善。

消费者纠纷往往带有金额小、案情较为简单的特点，双方当事人都不愿投入大量的时间、精力和金钱打官司。为方便消费者通过司法途径解决纠纷，不少国家都设立了消费者小额索赔法庭，专门处理消费者纠纷。我国《消费者权益保护法》也明确规定，人民法院应当采取措施，方便消费者提出诉讼。近年来，我国一些地区的基层人民法院也开始设立消费者法庭或消费维权巡回法庭，受理消费者小额纠纷，方便消费者诉讼，为消费者纠纷的及时解决发挥了重要的作用。不仅消费者起诉便利，而且，法庭使用简易程序快速审理，也使消费者避免了通常打官司的各种烦琐程序和大量的时间、精力投入。应当在总结经验的基础上加以普遍推广。

（三）国家行政机关

各级人民政府是代表国家管理本行政区域内经济、社会等各方面事务的综合行政管理机构。保护消费者合法权益，是其履行经济、社会事务管理职责的重要内容之一。依据《消费者权益保护法》，各级人民政府在消费者保护方面的基本职责包括以下方面：

1. 领导职责

各级人民政府作为特定行政区域内的综合管理机构，在消费者权益保护方面，主要承担领导职责。《消费者权益保护法》规定，各级人民政府应当加强领导，组织、协调、督促有关行政部门做好保护消费者合法权益的工作，落实保护消费者合法权益的职责。

（1）领导职责体现在组织实施消费者权益保护法律法规、地方性法规规章，不断修改完善具有消费者合法权益保护内容的规范性文件。

（2）领导职责体现在成立本级人民政府层面的消费者权益保护议事、协调机制或类似联席会议制度，研究、解决本辖区内消费者权益保护工作中的重大问题，组织、协调、督促下设有关行政部门，做好消费者权利保护方面的工作，落实消费者权益保护责任。

（3）领导职责体现在依法成立本级消费者权益保护社会组织，如消费者协会或者消费者权益保护委员会，该社会组织履行职责所需经费由同级人民政府予以保障。

2. 监督职责

各级人民政府在保护消费者权益方面的第二项基本职责是监督职责。《消费者权益保护法》还规定，各级人民政府应当加强监督，预防危害消费者人身、财产安全行为的发生，及时制止危害消费者人身、财产安全的行为。监督职责体现在以下两方面：①对本级人民政府下设部门或者下级人民政府消费者权益保护工作进行监督；②在经济、社会领域社会管理过程中对侵害消费者人身、财产安全进行监督。通过监督，发现消费者保护中存在的问题，并及时采取措施或督促相关政府部门采取措施，及时制止危害消费者人身、财产安全的行为，防止危害消费者人身、财产安全行为发生。

第四节　电子商务领域消费者权益保护的原则

"近年来，我国网上电商群体快速增长，随着电子商务技术在市场交易中的蓬勃发展，消费者权益被非法侵害的现象屡见不鲜"[1]，在网络经济环境下，电子商务消费者权益保护应当遵循何种原则、体现何种理念是立法必须权衡的问题，相关立法所确定的原则也是消费者权益保护立法的重要方向性指引。我国《消费者权益保护法》虽然确立了消费者权益保护领域的基本原则，但这些原则是涉及消费交易的一般原则，而电子商务消费者权益保护有其自身的特殊性，应当遵循特别保护原则以适应网络经济发展的需要。

一、同等水平保护原则

（一）同等水平保护原则的基本内容

"电子商务与传统商务模式在很多方面存在差别，通过网络这种特殊介质进行交易的消费者在客观上是否应当与传统交易的消费者享有同等水平的保护是需要探讨的问题。"[2] 网络交易中消费者的保护应当遵循同等水平保护原则，即消费者在网络交易中获得的保护

---

①　周振宇. 电子商务中消费者权益保护的问题研究［J］. 中国商论，2023（4）：53.
②　鞠晔. 略论电子商务领域消费者权益保护的基本原则［J］. 现代商业，2014（19）：50.

应不低于在传统交易领域获得的保护。同等水平保护原则也是功能等同理论在网络消费者权益保护领域的集中诠释，理论上讲，所有消费者是平等的，因此，国家对电子商务中消费者权利遭受侵害时所提供的保护水平也是一致的，应实行同等保护准则。

在电子商务领域，同等水平保护原则可归纳为两种含义：①对于既有立法和规则可以调整的网络消费问题，应当在既有立法和规则的框架下予以适用；②对于网络消费者权益保护中出现的新问题，应当明确同等水平保护并非适用同一规则，应当针对这一领域构建新的法律规则。

（二）同等水平保护原则在具体问题中的应用

从电子商务领域的特点来看，应当在网络交易合同、电子签名以及电子证据等方面对同等水平保护原则予以重点关注。

从电子商务交易合同来看，大部分合同都采纳的是网络交易合同形式，因此，确认其法律地位非常重要。网络交易合同虽然从技术上采取了数据电文形式，但其性质和法律效力与传统书面合同并无区别，只是在媒介上有所不同。因此，应确认网络交易合同与书面形式合同具有同等法律地位。在电子签名方面，网络交易环境下文本签名也多为电子签名所代替，因此，电子签名的效力也须予以确认。

我国《中华人民共和国电子签名法》（以下简称《电子签名法》）既明确了电子签名与文本签名的同等效力，并且提出了电子签名可靠性的判断规则。从证据方面来看，电子证据相对于其他证据而言更具技术性和易伪造性、易篡改性。从学术界的观点来看，对于电子证据构成证据的一种形式基本不存在疑义，但对于电子证据的类属尚不明确，这将导致在证据判断时的模糊，并对经营者和消费者的责任划分造成很大影响。

二、政策一致保护原则

（一）政策一致保护原则的产生

为了保证同等水平保护原则的有效执行，电子商务领域的消费者权益保护应当沿用立法中原已确立的消费者保护政策，此即政策一致保护原则。如不坚持这种政策上的连续性，电子商务领域的消费者保护制度将成为无源之水、无本之木。对电子商务中消费者法律保护所做的探讨和规范化的努力，其目的并非是要建立一系列新的电子商务消费者保护法律制度，而是要在电子商务领域通过调整、修订和补充相关法律来进一步完善消费者权益保护制度，这一原则也是欧盟电子商务消费者权益保护立法所一贯坚持的原则。

目前，欧盟立法已形成了一系列有利于消费者积极参与商品和服务贸易的政策和法律，针对消费者和经营者之间在市场与信息占有方面的不平等的状况，强化对消费者的保护，这些政策和法律的宗旨也必须在相关的电子商务立法中予以有效贯彻和执行。因此，在电子商务立法中，现有的消费者保护政策的基础性原则必须在相应立法中得到遵循和体现。

（二）政策一致保护原则的内容

在电子商务领域的消费者权益保护中，应遵循的基础性原则包括以下内容。

第一，经营者持续性信息披露义务和消费者知悉权。在交易前及交易后，消费者有权获知所有有关经营者信息及交易活动的有效信息。

第二，禁止差别待遇和歧视行为。在提供商品和服务方面，对消费者作为弱势群体的消费权利和需求予以尊重。

第三，禁止欺骗性和不公正的经营行为。应当禁止经营者滥用商业手段对消费者进行不正确的引导，并应当鼓励经营者向消费者提供有效手段对商业广告进行过滤和筛选。

第四，对消费者的经济权利予以保护。应当对风险和责任进行合理划分，使电子商务经营者承担应有的责任，并为消费者实现自主选择权创造条件。

第五，保护消费者的个人隐私权。在电子商务领域，应当更为重视保护消费者的个人隐私权，保护消费者的个人数据和个人信息不被滥用。

第六，保护消费者的受教育权。针对电子商务这一新型交易方式，应当对消费者进行适当的教育和宣传，使其获得必要的消费知识及自我保护知识。

三、综合辅助保护原则

（一）政府调控、行业自律为主

网络经济的特殊性决定了对电子商务中消费者权益的保护不能局限于单一的模式，纯粹的法律保护不能充分保护消费者的权益。对网络交易中消费者权益的保护，需要在法律保护之外采取综合的辅助保护模式，强化消费者组织及社会公益团体的作用，形成政府监管、行业自律与消费者自我保护相结合的保护体系。

互联网是技术性和专业性较强的行业，技术更新周期的加快使各种法律法规明显滞后于互联网的发展。在电子商务领域倡导行业自律对政府监管和行业发展是一种较为有效的方式，这也是很多国家和地区达成的共识。

目前，世界很多国家的电子商务企业都形成了行业自律组织和行业自律规范，行业规范和准则也为电子商务立法提供了重要参考。从交易原则角度来看，自治原则是网络交易的主导原则，在网络交易中实行行业自律也是电子商务发展的精髓。在综合辅助保护原则指导下，政府的角色定位也是必须明确的重要问题。政府管理和调控的力度和范围是电子商务发展的关键，目前以政府的管理推动企业自律，是受到广泛认可的管理构架。发展互联网产业，必须有政府的参与和支持，否则，将无法实现产业的高速发展。

（二）消费者自我保护为辅

在综合辅助保护原则下，消费者的自我保护不可或缺。消费者应当具备理性消费意识，在处理纠纷时应当理性维权。消费者自我保护意识的提升是其维护自身利益的首要保障，具体而言，应当包含自我控制和自我选择两方面内容。自我控制是消费者应当加强网络技术知识的积累，适当运用网络软件和技术手段对网络交易环境进行清扫，确保个人信息及帐户的安全。自我选择，是要求消费者知悉经营者的经营策略及营销陷阱，使自己不被蒙蔽或受到欺诈，能够实现自主选择。另外，在产生纠纷时，消费者应当采取理性维权的方式，在不激化矛盾的前提下妥善处理纠纷，达到预定目标。

综合辅助保护原则构建了行业自律、政府管理和消费者自我保护三位一体的保护模式，如果够切实贯彻这一原则，将会极大地促进电子商务的发展和网络消费者权益的保护。

第三章　电子商务中消费者知情权的权益保护研究

第一节　知情权及其保障的理论依据

一、公民知情权的内容

（一）公民知情权的概念

公民知情权的兴起可追溯到 20 世纪 50—60 年代，远早于互联网的诞生，其概念，通常是指人们去知悉信息、了解信息的权利，在其他的理论研究中，也将其称为信息权或者是了解权。

公民知情权是一种权利的实现，可以说是一个国家政治发展民主化的一个必然要求，同时也是公民对于政治民主化所追求的一个结果，虽然发展之初是一个公法领域性质的概念，但是随着时代的进步与发展，公民知情权这一概念不仅涉及公法领域，同时也逐渐进入私法领域中。特定主体的知情权的探讨与研究便是知情权发展扩展到私法领域当中的一大表现。

自 20 世纪 80 年代起，"公民知情权"概念才在一些中国学者的研究著作、论文中开始使用。作为一个舶来的法律术语，不同的学者对于公民知情权的内涵，实际上是有各种不同的理解，在我国学界，通常在学理观点上将公民知情权学说分为广义和狭义两大类。知情权从广义上看是指公民获取并知晓广泛信息的权利与自由，是人们去自主寻求、接受并且去传递信息的权利和自由，而其中的信息，不仅仅指向官方，同时也包括非官方的一些情报与信息等；从狭义上看则是表示公民去获得并知悉官方信息的权利，对于信息的知情界限仅仅限定为官方的信息与情报。

（二）公民知情权的实质

公民基本权利，应当是人生而拥有的权利，即使没有宪法或者其他法律的规定，其仍然是不可代替的和不可转让的，基本权利所体现的价值和内容是具有独特性的，正因如此，许多国家才在宪法中明确规定公民的基本权利，其设立的目的在于希望能够充分地保障这些基本权利的实现，而宪法所规定的权利，是其他法律权利条款设立的基础，更是一个国家运行的法律根基。因此，公民知情权作为宪法性权利，应当写入宪法正文中，得到明确的认可。

"公民知情权是当今社会公民所拥有的一项基本权利，具有基本权利属性。"[①] 一方面，在日常生活中，人民的生产生活需要提前了解与之息息相关的自然环境和社会环境信息，人们只有事先对信息进行知晓，才能够保障自己后续生存权利及发展权利的顺利实现，同时也能够对未来即将可能发生的事情做出预估和推测，及时地规避风险；另一方面，在我国社会中，"人民当家作主"是保障公民能够积极有效参与国家公共事务的前提，公民对于政府信息掌握充足有利于做出准确判断，有效行使监督权、参政权等等，这同时也有利于国家的稳定发展，有利于国家民主制度的实现和发展。

保障公民知情权是其他权利能够实现的前提和基础，同时公民知情权也具有相对稳定性，当社会环境稳定时，民众也应当稳定地获取信息。若公民丧失这一权利和自由，那么不仅自身的其他权利难以进一步实现，社会也会因民心不安而动荡，公民对政府的猜忌、失去信任会产生冲突，造成社会混乱的状况。因此，公民知情权也是化解一定的社会矛盾，能够维护社会的稳定发展进步的重要条件。所以，公民知情权应当被认定为宪法性基本权利。

二、公民知情权法律保障的理论基础

现代社会中的每个人都需要通过获取大量信息来支配自己的行为，获取准确真实的信息对个人生活至关重要。对于公民知情权的相关规定可以在许多国际公约或惯例中找到，同样地，许多国家宪法都认可了公民的信息获取权，具体表达形式方面，既有以专门的宪法条文进行确认的，也有由一些其他一般性保障所涵盖的。而这些公民知情权规范依据实际上是来自深厚的理论，具体如下：

---

① 赵紫荆. 公民知情权法律保障研究［D］. 湖南：中南林业科技大学，2022：35.

（一）人权保障理论

人权是人须臾不可分离的权利，一般认为，现代人权保障理论来源于西方，人权保障由意识萌芽到形成理论，人权思想家做出巨大的理论贡献，人权与生俱来，不可剥夺、让渡、放弃，这在当时无疑是划时代的进步思想。18世纪，在西方启蒙运动、人权运动等资产阶级运动浪潮中，资产阶级面对封建专制或不公正的压迫，高举人权大旗进行斗争，人权作为取得革命胜利的思想理论武器，发挥的重要作用，人权也由理论变成政治宣言和法律保障内容，之后人权保障走出西方国家，发展到了世界各国，鼓舞世界人民反封建、反殖民，已成为全世界的普遍价值。

随着时代的进步和发展，人权保障理论经过了萌芽、启蒙、形成到成熟过程，其内容也不断地丰富和发展，到20世纪40年代，知情权逐渐被纳入人权保障体系之中，1946年联合国大会通过的决议将公民知情权列为基本人权之一；此后，越来越多的民主国家将公民知情权写入宪法之中，公民知情权利已成为民主政治生活的一项基本权利。

（二）权力制约理论

一切有权力的人都容易滥用权力，这是亘古不变的经验。无疑权力具有扩张性和腐败性，需要法律进行严格规制，从权力制约路径上看，存在"以权力制约权力""以道德制约权力""以权利制约权力"三种主要途径，其中，"以权利制约权力"是民主国家特有的治国方略，其含义是指在公权力与私权利之间，通过合理配置权利来达到限制、制约公权力的作用，实质上是使公民成为监督国家和政府的重要力量。

而赋予公民知情权利，则是以公民基本权利来制约、规范政府权力，属于"以权利制约权力"。实际上，权利制约权力理论也发轫于社会契约理论中的人民主权理论，即国家一切权力来源于人民的权利，正因如此，作为民主社会中的权利主体，公民应当有权利去制约、规范公权力的运行和规则，防止公权力的肆意和滥用，而制约、规范公共权力的首要前提是公民知悉公共权力运行的实际状况和发展趋势，从而才能通过公民权利行使来保障公共权利正当运行及发展方向正确，否则，所有的监督都如同"盲人射箭"，无法命中核心关键。

（三）人民主权理论

关于"主权"概念较为完整与系统的论述是博丹，他认为主权是统治公民和臣民不受约束的最高权力，而在对国家权力的来源与归属问题的探讨中，社会契约学说和自然权利学说共同产生了人民主权理论。在近代自然法学家的观点中，人权是由天赋的，即与生俱来的权利是每一位生存在自然状态的人应有的，其中，包括拥有平等、自由的生命、追求幸福与财产的权利等。

国家的建立、政府的组成和法律的制定是当人们的人权被侵害而无从保障时，人们在平等的前提下进行约定而实现。自然权利学说是对神权或君权至上的根本性否定，它概述了人类权利在自然状态下的一种状况，同时也奠定了哲学基础从而得以产生宪政国家。将自然权利学与社会契约学说联系并发展则实现了人民主权理论的确立，其回答了国家权力来源的合法性与归属问题。

根据人民主权理论，民主离不开人民，因为人民作为其主体，离开了人民的民主无从谈起。人民民主理论需要承认两点：①全体的人民在享有主权这一点上是平等的、自由的；②人民将自己的主权交由一个代理来行使，由其来代表广大人民的利益，这个代理就是政府。换言之，政府本身并无绝对权力，其权力受托于民众，其本身的主要职能唯有履行义务，民众既能直接亲自行使国家的权力，也能通过政府这个受托者来间接行使。

人民主权理论的原理在当代民主宪政国家基本都得到了遵循，从发达国家到发展中国家，各个民主国家的民主政治制度都依据这一理论进行构建，可以说，人民主权理论奠定了知情权的宪法基础。

在人民当家作主的中国，这一点也得到一致认可，我国在宪法中明确"一切权力属于人民"，宪法作为保障人民权利、约束国家机关权力的最高法，这体现了人民主权理论在社会主义国家中的遵循与实践，人们有各种途径通过间接或直接的方式参与国家民主管理，以及咨询、知悉国家与社会的各种事务，公民平等参政、议政的积极性得到激发，让政府更好地造福公众、服务于人民，真正实现人民当家作主。因此，人民作为国家的主人，是否有权利去合理有效了解政府的这些信息，是保障公民切身利益的最关键问题之一。

第二节　电子商务中消费者知情权的特征与保护价值

一、电子商务中消费者知情权的特征

"在电子商务环境下，消费者知情权正面临着严峻的考验，网络交易不同于传统面对面的交易方式，有其自身鲜明的特点，这极易导致由于信息不对称而侵害消费者知情权。"① 相较于传统线下消费模式，交易双方和商品均可直接接触，电子商务最大的特点就是突破了消费的时间与空间的限制，令买卖双方可以做到随时随地的做交易，其所导致的消费者相关权利也必然会随着这种特征的呈现而有所变化。原本可视、可触、可听的购物呈现方式，变成了由一串串代码所构成的信息，这种从实体向虚拟的变化，也导致电子商务中消费者的知情权有其独有特征。

（一）消费者所得信息的数据化

电子商务是伴随着网络发展所成长起来的新型购物模式，这种购物模式依托于电子商务平台，电子商务平台又根植于网络信息技术，其所展现的是高度的数据化。因此，究其根源消费者获取任何信息都是源于网络数据，消费者知情权完全是建立在虚拟的数据化之下的。但是数据化意味着网络运营人员操作空间极大，不稳定和高风险相应而来。

具体而言，消费者在电子商务平台上从挑选、比对、详细了解再到最后提交订单交付货款，这一类操作都变成一系列数据上传到电子商务交易平台，由其提供服务将这些数据整理加工，最后再呈现给交易双方。在这期间所有操作均被数据化，消费者面对的是一个"技术黑匣"很难知道其背后所涉及的东西，一旦出现交易问题，这些数据很可能会被选择性展示，消费者处于极度弱势的地位。

同传统白纸黑字的合同和钱货两清的物权变动，电子商务的交易方式其无论是从合同的订立还是物权的变动是一种全新的方式，这些都是建立在高度的数据化上。因此，无论是从交易方式，还是合同确立再到物权变动消费者都被数据所支配，消费者所知悉的内容都由数据呈现。

（二）消费品有效信息的隐匿化

"由于电子商务的虚拟性和非即时性等特征，导致交易双方信息不对称，造成电子商务消费者较传统消费者知情权更易受到侵害，并进一步影响到整个电子商务市场的健康和可持续发展。"② 电子商务是基于网络信息交互打造的新型购物方式，信息呈现的差异化在这里展现的极为明显，我们所能看到的信息都是交易平台或是平台商家想要我们看到的信息。当然，这些信息的展示是为了出售商品。但是碍于法律法规的规定和平台规则的限

---

① 王聪语. 浅析电子商务中消费者知情权的法律保护 [J]. 商场现代化, 2020, (01): 26.
② 凌冰. 电子商务中消费者知情权保护研究 [J]. 经贸实践, 2016 (01): 202.

制，商家需要将商品的相关信息展现出来，但是信息较为隐蔽，平常的消费者基本不会点开相关信息的链接。不仅是因为这些链接十分隐蔽不易被发现，更是因为消费者很难将这些链接或是信息与所购买的商品有何关系，因此，很容易被消费者所忽略。

有效信息的隐蔽化很容易导致消费者和商家的信息不对称，消费者在所能掌握的信息在复杂的技术壁垒阻碍下，变得更少，这对于消费者极不公平。消费者往往在购买商品后才能不经意间发现隐蔽的有效信息，面对退款售后等复杂的问题，消费者往往会忍气吞声，默认如此。

客观上讲，电子商务平台复杂的商品介绍界面必然要详略得当，将商品的主要信息展示出来，将一些有些的信息但是对于销售商品作用不是很大的信息放在链接或是后续简介中，这是碍于商品信息介绍的界面有限，必须突出信息的主要目的，即销售商品。

主观上讲，电子商务平台和卖方基于逐利目的，必然会将有助于商品售卖的信息展现在最主要的位置，至于对于消费者的权利与义务，以及相应的商品售后条款都会被其放在不明显的区域，消费者基于消费冲动往往会忽视这些至关重要的信息。

消费品有效信息的隐蔽化既是因为网络交易所固有的缺陷，也有来自于销售方的有意为之。这些都会导致双方信息不对等，消费者知悉消息的不完整。

二、电子商务中消费者知情权保护的意义

法律设立的目的在于维护社会稳定，为当事人提供一套行之有效的规则，不同的法律针对社会不同领域的事情，在其背后维护了社会的稳定运行，彰显了相关法律的价值。但其背后所体现的乃是由法律所保护对象的社会价值，因此，归根到底法律的完善是为了保护对象社会价值更好的展现。电子商务作为网络时代新兴的购物方式和社会新的经济增长点，其稳定的发展对社会的经济发展有着重要作用。

（一）展现契约自由的理念

近年来，我国为紧跟时代步伐与世界经济接轨，开展经济体制改革。现如今，我国经济体制改革的最大成就便是摆脱了以政府为主导的计划经济体制，建立了社会主义市场经济制度。

契约自由之精神是社会主义市场经济的核心，当事人双方根据契约约定进行买卖交易，但是契约真正自由的实现，离不开契约的正义，实现契约双方当事人之间权利与义务

的实质公平。

　　进一步推进商家掌握的信息与消费者共享，至少在商品信息和与之相关的配套服务信息上做到消费者能与商家保持知晓信息的一致性，这对于实现契约正义，彰显契约自由，有着重要价值。

（二）彰显平等交易的原则

　　《中华人民共和国民法典》（以下简称为《民法典》）规定，民事主体从事民事活动，应当遵循公平原则，合理确定各方的权利和义务。《消费者权益保护法》规定，经营者与消费者进行交易，应当遵循自愿、平等、公平、诚实信用的原则。

　　无论是《民法典》还是《消费者权益保护法》均强调买卖双方要基于公平原则进行交易，同时其也是商法的重要原则之一，在立法形式上已经具有了较为完整的法律保护，也可称之为形式保护，但是形式之保护必然要落实到实质保护。

　　从宏观来看，在市场经济规则下的商事交易中，商事主体通过交易完成利润的赚取，其主观目具有很强的逐利性，在市场中通过自由竞争，完成营利的目的。商法为维护正常的交易秩序，反映价值规律的内在要求，必须贯彻维护交易公平规则，只有在稳定有序的市场环境中才能实现营利的持续进行。

　　从微观而言，电子商务交易作为商事交易活动的组成部分之一，其也必然遵循着商事交易的大原则，即必然遵循着公平原则进而实现持续性的营利，但是电子商务交易具有其特殊性，这主要体现于商品信息的隐蔽化、数据化和片面化。电子商务经营者尤其是具有垄断优势地位的经营者。例如，电子商务平台的重要经营者，难免会因其自身的体量对消费者产生交易上的实质不平等，在发生交易纠纷后，电子商务平台碍于经营者的体量往往会进行消极处理，使得消费者的维权十分困难。

　　消费者在消费时很难想到后续的维权问题，从而也就会忽视开始的证据收集，当然这也是违反消费常理的事情。但是在出现消费纠纷后，消费者这种后知后觉收集维权证据特性便开始展现，但是电子商务本就是基于信息化打造的交易平台，其信息实时变化，消费者难以收集到相应的证据，即便消费者主动询问也难以获得有用信息，商品信息的主要掌握在经营者手上，其所能令消费者看到的也多是刺激消费者购买欲望的信息，交易双方所掌握的信息是严重失衡的，因此保护消费的知情权，不仅是消费者被动看到的，还要有经营者主动提供的，多方面保护消费者知情权，给予消费者消费安全的信心，从而更加能促进电子商务的发展。

（三）体现人权尊重

在哲学上讲，主体自由和自为的，能够任意处分自己，法律上的主体引申于哲学，具体而言法律主体应当具有必要财产、自由意志和能独立承担责任，这也意味着法律上的主体应当是平等的、自由的、理智的。但是在市场经济中由于有这样或那样的限制，理想的平等、自由、理智难以实现，毕竟每个人只能在其所掌握的信息中实现有限的自由与理智。

法律要规制这种不平等的现象，还原消费者的具体人格便需要纠正信息不对称的局面，赋予消费者知情权成为解决此问题的关键，消费者在掌握必要的信息之后才能实现意志自由，因此，消费者的知情权乃是确立消费者人格的基础。

（四）保障消费者权益的前提

我国在《消费者权益保护法》中赋予了消费者知情权、选择权、公平交易权、求偿权等多项权利，由此可见消费者权利是一个权利的集合概念，这其中包含着多种权利内容，形成了一个综合性的权利体系。在权力体系的层次中，消费者知情权是居于核心地位，非常重要的权利，可以说消费者的其他权利均由知情权所派生，并围绕它展开。

从消费者购买这一行为的本质出发，购买商品和服务是想获得全部的信息，将经营者对于商品的权利完全的转移到消费者手中，并且消费者还要保有经营者对于商品进行保障的权利；也就是说，不能让经营者在销售完商品后就一走了之。这些权利的实现都需要让买卖双方在所掌握的信息上处于实质平等的地位。

选择权要在知道的情况下进行商品的选择，公平交易权要在消费者知晓此类商品的信息后才能实现实质公平，求偿权也要在知道商品缺陷和双方权利义务的前提下展开，总之，无论哪种消费者权利的实现都是立足于知情权。试想，如果消费者对于市场流通的商品情况没有什么了解，那么消费者如何货比三家，进行选择，并且在某些电子商务平台中存在着价格隐蔽化的处理，只将商品的最低价格展示，让消费者在低价的诱惑下，不自觉的便进入到经营者的销售陷阱中。即便消费者能够看到某个商品的单品信息但还是极大浪费了消费者的时间，在不知不觉中完成了对消费者的时间剥削。由此可见，消费者知情权对于消费者的影响不应仅仅局限于对商品信息的知晓，更多体现在对消费者消费自由的保护。

第三节 电子商务中消费者知情权保护的完善建议

一、规范经营者信息披露义务视角

（一）健全电子商务中经营者信息披露制度

"电子商务的健康有序发展也要与我国实际情况相结合，制定出与我国国情相适应的措施和制度。"① 经营者信息缺失加之消费者对网购技术了解甚少，导致利用具体的法律制度来保护消费者才能打破消费者处于弱势地位的事实，《消费者权益保护法》和《产品质量法》也要求经营者必须提供商品信息和服务信息的真实情况，包括商品的特点、使用方法及使用要求、规格和等级、功能成分、存储标准，以及特殊商品的警示性注意事项，严禁夸大产品功效，细化双方责任，明确权利主体和义务主体，在网站首页写明经营者信息、经营状况、商业信誉情况、企业注册资本、营业性质、营业执照和许可证，真实公示消费者的客观评价信息，合理解释消费者提出的疑问，当因为经营者的隐瞒导致消费者知情权受损时，应该根据相关法律，目标明确地实行惩罚性措施，设立更加透明的信息披露制度对于电子商务中消费者知情权的保护有促进意义。

另外，还可以提高经营者网络道德教育，树立网络生态伦理道德意识，提高网络经营者的自律意识，促进网络文明建设，改变经营者一味的利己主义观。

共建良好健康、稳定有序的互联网环境，必须保持即使在信息爆炸的时代，也要做到全方位多角度、互联互通、统筹整合共享经营者的相关信息，及时删除清理过滤掉相关的违法造假、夸大有病毒隐患和安全隐患的网络信息。在政府部门、网络经营者、消费者及第三方机构四个主体之间做到信息互联互动，其中，政府部门是规范电子商务市场秩序政策的首要引导者和监管者，选择恰当时机从信息的广泛度和深入度方面出发，合法合理地公布经过各级监管部门认证符合市场准入制度的市场主体信息。制定一套功能健全的反映商家网络经营者信用评价体系的完整的制度体系来紧跟和适应社会科学技术的发展步伐，使整个信息网络达到信息真正意义上的互联互通、客观公正和真实共享。

而经营者的欺诈行为会致使电子商务中消费者错误地签订电子交易合同，此时，消费

---

① 张豪．电子商务中消费者知情权的法律保护 [J]．法制博览，2017（22）：266．

者在免责不承担违约责任和经济赔偿的情况下享有撤销权和合同解除权。相反的是这种情况下，经营者应承担法律责任，并建立经营者违法后的惩罚性责任机制。因此，完善和保障电子商务中消费者知情权公平公正的执法机制，必须要求行政部门更加重视电子商务中消费者的知情权，并让行政部门对违反信息披露义务的经营者拥有强制性的惩罚手段。

（二）规范电子商务中经营者信息披露的评价制度

提高经营者的信誉评价和准入门槛，在一定程度上有利于保证消费者的选择权，对网络经营者设置在线评估系统，施行时评估更新打分信息，让更多消费者网购前就了解网络经营者的商品与服务信息，了解商家的诚信度采取事前救济精准避雷，此法也适用了中国特色社会主义市场经济中诸多纠纷以市场调节为主、法律手段为辅的处理模式。

此信用评价机制可以有效督促商家恪守交易行规，诚实守信经营，激励经营者维护自身信誉，保护消费者知情权，挖掘潜力市场，运用网络征信在线评估，建立买卖双方沟通渠道，公正、诚信地交易产品，有效惩戒和预防经营者侵权行为发生，积极推动消费者知情权法益保护。

对于愿意接受在线调解和履行调解协议的经营者，授予荣誉签章，提高经营者商业信誉，利用利益诱导机制，使得经营者更加自律地提高自身评价，因为差评很影响商品销售率。可见，加强电子商务中虚假广告的惩治力度和经营者信用评价机制能有效杜绝经营者因消费者不知情而欺诈消费者的行为。

（三）完善电子商务先行赔付和反悔权制度

第一，建立安全的电子支付和先行赔付制度对消费者知情权的保护是很有必要的，而积极颁布《中华人民共和国电子支付法》是该制度建立的法律保证，消费者可以利用平台将商品款项在商品未交付前放置在第三方交易平台，此种方法降低了消费者的网购风险。而建立先行赔付指的是可以由第三方机构先行赔偿给消费者因经营者违法而给消费者造成的损失，之后再由第三方交易平台向经营者追偿，先行赔付制度可以预先赔偿消费者的合理损失，也可在经营者准入时收取一定违约保证金，提高消费者自身的维权意识。

第二，完善消费者反悔权及撤销权，我国《消费者权益保护法》规定消费者七天内可以无条件退货其电子商务交易的商品，可行使法定解除权，但此项规定仅对消费者反悔权做了普遍性的时间限制，但未明确特定商品的退换货时间和特殊商品禁止反悔，如试用品拆封后的使用规则，强化经营者义务，对于不符合商品标准的，必须严格制定相关法律制度保护消费者合法权益，对于消费者反悔权的行使方式应加以规范，消费者和经营者通过协商方式沟通退换货事项，对于消费者实际支付的运费，商家要进行退款。

对于法律法规不能管控的方面，需要工商部门加以协助管理，对于违规商家进行责令限期改正和行政处罚，设立全国互动互联的信息监管平台处理消费者投诉，工商局、质监局以及公安局等政府职能部门要相互配合严格追责。借鉴国外经验，消费者可以实现其反悔权制度，订立合同号，消费者也可以在经营者发货前合法合理地撤销其与电子商务经营者所签订的合同，消费者撤销权是知情权法定权利的延伸，电子商务消费者的撤销权有效避免了消费纠纷的风险，使得未发货前期用规范方式缔结的电子合同效力失效，消费者的反悔权和撤销权制度有益补充和完善了我国《电子商务法》的相关漏洞。

二、规范消费者个人信息收集视角

（一）健全电子商务中消费者个人信息收集的法律体系

《民法典》人格权编对个人信息保护有了专门规定，此规定普遍适用于各个领域，设置专门的个人信息保护的机构，由专门的执法机构来行使职权，避免了法律冲突。

节省立法资源，统一整合现存法律，统一执行，针对电子商务市场，制定适用于全国的《中华人民共和国个人信息保护法》（以下简称《个人信息保护法》），从根本上建立专门的保护机关和统一的立法保护体系。立法上，节约了资源；执法上，统一机构立法可以消除分散立法带来的部门利益冲突；从司法层面，统一立法更能有效建立个人信息保护体系，加强对个人信息保护的法律规定。

完善的互联网个人信息民事法律保障体系应该包含三方面内容：①个人信息主体应该明确自己的民事权利和义务，知悉个人信息被保护的范围，无论是信息收集、处理、流通、存储这四个环节中的任一环节，都享有知悉、保密、更改的权利，而信息处理者、存储者也要按照合法性规范，履行法律赋予的义务；②完善侵权救济途径；③应该与时俱进，将新兴的互联网个人侵权事件、侵权类型，特别是第三方支付平台，民法典中将个人信息作为一项人格权保护，不再和个人的"隐私权""名誉权""姓名权"这些民事权利混为一谈。

个人信息权这一人格权益不再是消极被动的、单纯的防卫性的权利，而具有了积极利用的功能，完善我国《民法典》内容，要妥善解决个人信息共享的经济利益和个人信息保护权益之间的冲突问题，做到两者平衡发展，对于不涉及个人隐私和商业秘密的信息，可以形成大数据资源共享，有必要可以对个人信息的保密程度进行划分，针对不同层级不同涉密度的信息进行不同程度的公开。对于敏感性信息进行特殊保护，与个人生活身份关系密切相关的信息应该征得个人信息权利者的明示同意，对于与个人身份信息关联性较弱的信息，也要征得信息主体知情同意。

对于个人信息流通过程中，个人信息的控制者可以将个人信息匿名化处理，减少与个人身份关系的关联程度，使其转化为数据，从而降低个人信息泄露所带来的个人信息安全风险和人身财产受到损失的风险，更好地保护个人信息主体的人格权益。

另外，在法律适用方面，进行针对性的特别法保护，提高其法律效力，在实践中解决法律滞后的问题必须利用行政法规、行政规章、地方性法规和司法解释。相应地，也可建立电子商务市场制度，加强进入电子商务企业的资质审查和有效监管机制。

（二）制定合理的消费者个人信息收集准则

互联网大环境下，电子商务中消费者个人信息保护体制需要制定合理适当的基本准则，既要有效保护消费者权利，又要利用法律手段，此准则反映了电商平台电子商务活动中消费者个人信息法律保护的本质规律，信息收集者应当及时告知消费者他们在何时开始收集信息，并如何使用信息，以及信息的使用范围和收集个人信息的手段，是否采用匿名化处理，是否采用信息脱敏机制处理，对于特定个人信息，例如，突发事件中，为了公共利益需要，这时也可不经信息主体同意，信息收集相关部门也应积极提供配合，通过政策和选择性填写信息以及匿名化处理，个人信息便会达到有效自律的合法性和适用性。

电子商务中，经营者应该遵守：①依法在特定范围内合目的性地收集和使用消费者个人信息并告知同意准则，保证个人信息在正当、合法、合理的状态下流通；②最低限度、最小必要准则，一旦电子交易目的实现，经营者应及时删除存储的信息，而且收集的范围只能限定在供消费者进行电子商务交易服务的范围内，否则，经营者应该承担相应的责任，对收集信息本身和收集信息的方法都加以限制；③及时向消费者说明告知其使用消费者个人信息的目的的准则，并且随着信息的更新，能够及时删除不必要的信息；④安全保护和保密准则；⑤目的特定准则，必须征得消费者的知情和同意，信息使用也应局限于特定目的范围内，当目的的达到消失后，个人信息收集者应当删除个人信息，严格遵守个人信息不被滥用和泄露的义务。

每个基本准则对个人信息保护的立法都具有重要意义，必须通过公正、合法的方式收集消费者的个人信息，并且加以限制。不得违背消费者自愿准则，采集、储存、使用个人信息各个环节都必须合法、正当。尊重消费者意愿，使消费者知情和认可。信息质量准则要求经营者要及时更新和修正、删除不正确的信息，合理适当保存消费者的个人信息，确保信息客观、一致、完整、安全，信息拥有者即信息主体适格。收集信息的目的必须特定，确保收集的信息只是为了达成电子商务交易，经营者也必须履行特定的义务。

保证消费者对自己个人信息的支配权和控制权，保护消费者个人信息的人格权和财产权，明确信息主体的哪些信息应该被收集、处理和利用，以及信息收集、处理和利用的方式选择，细化双方的权利和义务，首先，明确界定个人信息，分门别类地对其予以保护。对于特定的个人敏感信息应采取重点保护，根据我国不同地区的文化传统差异、朴素的普世价值观、风俗习惯等给予不同的保护方法和侵权救济机制以及赔偿机制，在对没有风险意识和安全意识的信息主体的信息收集方面，更加严格其程序的合法化。法律保护的具体内容比较复杂多样，主要包括：消费者身份信息、个人信用状况和财产状况、消费者网上个人活动轨迹等，例如，IP 地址、浏览记录、活动内容；消费者个人不愿被浏览、复制、传递的私人文件。

将消费者的具体权利加以细化，将明确电子商务中消费者享有的具体权利作为法律必须重要保护的内容，保障其人格利益和财产利益，其中，知情权指消费者享有知情和同意其电商平台信息被收集、处理和使用各个环节各个过程的权利，使消费者知悉自己个人信息是在何时、何地，基于何目的被收集和使用，以及具体怎样使用，是否是出于电子交易的目的，达到对信息主体个人信息的有效监督，知情权是个人信息主体最基础最首要的权利，知情权的具体范围主要包括：①个人信息的收集目的；②收集主体；③个人信息保管者；④个人信息保管时间；⑤使用存储状况等。信息主体可以随时行使自己的知情权，一般不受诉讼时效和除斥期间的限制，行使方式主要是消费者本人或其代理人通过书面请求的方式对明确的请求范围向人民法院提起诉讼。知情权的保护有利于更好地监督消费者对其个人信息的明晰，而且行使也具有一定的条件限制，必须由消费者本人或其代理人行使，消费者必须提供个人信息的知情范围。

在电子商务交易中，也要明确保护消费者个人信息的更正权，即请求个人信息收集者更正不正确信息并补充不完整信息，保证信息质量原则切实进行，修整补充信息存在的瑕疵，并将确认和信息更正的最终结果告知信息享有者，保证信息精确、完整且在最新状态，以合理的方式更正个人信息后，也应及时书面告知消费者。除此之外，信息主体还可以删除其信息，在电子商务交易已经完成等一系列目的的达到或信息的收集和使用违反法律规定以及信息使用或者保管的期限届满的情况下，要求信息收集者经营者具有及时删除错误的或者违反法律明文规定的信息的权利，体现了信息质量的原则，当存储、收集、使用消费者个人信息目的完成后，使用期限届满或收集和使用个人信息违法，没有法律依据的收集和没有得到消费者同意的收集，再或者超出收集目的的收集，在上述情况出现时，消费者都有权行使自己的删除权。

电子商务中消费者个人信息需要保护的是信息的封存权和收益权，即在电子商务交易中，消费者有权在当特定的情形出现时，使消费者的原始信息和衍生信息都得到封存。收益权指的是当商家利用消费者个人信息产生一定经济利益时，消费者有权请求商家支付一定合理对价的权利。

（三）明确经营者收集个人信息应该遵循的责任

第一，《民法典》规定，收集、处理自然人个人信息时，务必遵循程序合法、正当、必要的原则，并应当符合四个条件：①信息主体或者其监护人明示同意；②公开收集、处理；③明示收集、处理信息的目的、方式和范围；④不违反法定和约定。

消费者个人信息被收集、存储和共享前，要保证个人信息权力者的知情权，按照知情许可并授权这样依次的程序，以保证信息权力者对个人信息的支配和控制。在信息流通过程中，在信息收集、存储和共享阶段都要严格信息收集者、信息持有者、信息控制者的安全保障义务，民法典应该对于信息安全保障义务作出明确规定。规范信息共享过程中的格式条款，网络技术服务提供者应当对个人信息授权者进行明确的提示注意义务，特别是对共享信息的利用方式和范围这一条款进行提示说明，正当性的格式条款应当经过相关部门的事前审查，对于不合法的不利于个人隐私信息的保密性条款，不具有免责事由。

第二，让电子商务能持续发展，故对经营者的义务规范非常简明扼要，电子商务中经营者必须履行的义务主要包含，经营者明确告知义务、合法收集义务、保障信息质量和信息安全以及信息的合法使用义务。经营者应告知消费者其个人信息收集的目的、内容、收集者、存储时间、使用状况等，完整、准确、及时地回答消费者提出的问题，满足消费者的要求，让消费者对这笔电子交易具有合理范围的知情权和是否进行电子交易的自主选择决定权。

收集个人信息必须坚持合法、正当的原则，增加经营者违反对获取信息保密义务禁止性规定的违法成本。经营者信息质量义务主要体现在消费者的知情权，保证个人信息的修正、补充，从而使个人信息达到最新状态。防范保障个人信息安全的义务，目的是防止网络安全上面的技术漏洞，造成个人信息被篡改、泄露、滥用等。严格遵守消费者个人信息的合法使用义务，仅仅限定在法律规定和与消费者主体特定约定的目的范围内使用，经营者一旦违反，消费者即可要求其删除已收集或封存的个人信息。

第三，从各方面强化落实经营者的责任，经营者应该担负起告知的责任，积极告知消费者在申请和开始使用服务时个人信息权利会受到损失的危害，告知消费者可以采取合法有效的措施规避风险，告知用户可以匿名参加电子商务中的一些活动，明确消费者个人信息的具体保护措施，告知消费者收集、处理、存储信息的内容、方式、目的和使用期限等。经营者对消费者个人信息的使用应担负限制的责任，仅仅因为必要、限制、合法的目的收集、存储、处理、使用消费者的个人信息。针对消费者的具体权利，知情权、查阅权、修正更新和请求删除权来制定经营者必须遵守的原则和担负的责任。

（四）量化经营者违法收集消费者个人信息的侵权责任

立法上对消费者权利进行细化，有益于保障电子商务中消费者的知情权。因为电子商务中侵犯消费者个人信息的违法行为具有不同之处，所以，经营者违法使用消费者个人信息的法律责任也有区别，主要体现在民事法律领域的违约责任和侵权责任。

在民事诉讼法中，经营者侵犯电子商务中消费者个人信息这一行为属于侵权行为，电子商务中个人信息侵权行为根据"四要件说"即指：①电子商务经营者存在侵犯了消费者个人信息权的违法行为，包括非法收集、披露、公开、买卖消费者个人信息，违反告知义务和安全保障义务使消费者权利受损；②在电子商务交易中，消费者的人格利益、财产利益存在受损事实，造成消费者人身、财产利益毁损灭失的客观结果，且经营者必须因其侵权行为承担法律责任；③侵权行为和受损结果存在因果关系；④个人信息侵权的责任认定采过错责任原则，即电子商务经营者无法证实自己行为不存在过错时，推定其主观和客观上都有过错。对个人信息侵权主体可采用过错推定的归责原则，从而可以减少信息主体对信息侵权主体的民事过错举证责任，将举证责任归于经营者，重点打击电商经营者的民事违法行为，为弱势地位的消费者维权保驾护航。因为生活实践中信息主体根本无法控制自己的信息被何人盗取，所以举证责任倒置有利于获得信息者对他人信息的有效监管。

此外，应完善侵犯消费者个人信息的责任承担方式，对于直接经济损失和侵权主体因倒卖信息而所获的利益也应纳入到赔偿标准的考量范围。对于没有造成直接经济损失的个人信息侵权行为也应加以惩罚，做到事前预防以降低损失，面对个人信息的复杂化和多样化，加强《民法典》中对个人信息保护的专门立法，拓宽维权途径，更好地保护自然人个人信息合法的民事权益。

此外，还可以利用《中华人民共和国合同法》（以下简称《合同法》），双方约定个人信息保密违约追责机制，这样更有利于双方纠纷解决和事前预防，达到个人民事权益保障的最大化，为纠纷的解决和违约后赔偿责任承担问题提供了法律基础。可以将"保密义务"作为合同法的附随义务，一旦违反保密义务，致使个人信息被泄露、倒卖和非法收集，给侵权者带来非法利益的情况下，我们要追加其违约责任，具体以违约金的行使加以追偿。

完善个人信息侵权机制，个人信息侵权同于一般侵权也存在四个构成要件，其中，经营者的主观过错主要指对个人信息的泄露、倒卖、非法收集储存和传播是否存在主观上的故意。至于赔偿损失中具体的财产赔偿数额，要根据个人信息侵权所导致的具体实际损失的财产数额而定。可以丰富责任承担形式，加大对经营主体泄露消费者个人信息、变卖信息的惩处力度，电子商务侵权案件中，行政处罚、刑事处罚和民事处罚要相辅相成。

基于对国家利益、社会公共利益以及消费者权益保护三方面的考虑，法律中对个人信息的侵权也存在免责事由，例如，①出于对疫情的有效防控这种公共利益的考虑，相关机关依法"告知+同意"，收集、查询、监管个人信息的，可以免于追责；②对于在电商经营者采取保护措施并没有主观恶意，但消费者个人信息仍被病毒和黑客侵犯这种突发意外事件，可以免除经营者的责任；③当经营者没有违反公序良俗和法律法规的强制性规定且消费者在知情同意经营者使用其个人信息的情况下，此时，消费者个人信息受损，经营者不必担责；④避风港原则，对消费者采取保护措施后，防止个人信息受损扩大那部分可以免责。

行政责任主要是指电子商务经营者违反行政法或行政法规定而应承担的法律责任，旨在约束公权力机关。行政责任要求行政机关能够按照法律规定行使其监督管理职能，建立健全独立专门的个人信息保护机构，完善行政立法能进一步保证行政责任的落实。行政责任的"损害事实"与"因果关系"与民事责任区别不大，行政机关不能有效监管消费者的个人信息是最主要的行政违法性行为。电子商务中消费者个人信息一旦被侵害到刑法所保护的客体时，消费者可以以自诉的方式或者检察机关以公诉的方式提起刑事诉讼。

电子商务中消费者侵权案件中，其权利受侵者往往不是单个人，而是个人信息数据库中的一个群体，加之消费者侵权案件标的较小，司法救济启动成本较大，基于同一侵权行为主张权利每个消费者单独提起诉讼对于司法资源会造成浪费，因此，集团诉讼制度的建立能有效节约司法资源。

集团诉讼制度指允许一个或几个人代表他们自己或以同样方式被侵权的其他起诉人起诉或者被诉的制度。用集团诉讼制度解决个人信息纠纷在美国被广泛使用，以复合权利救济、严厉打击违法行为，但是"胜诉酬金制"是集团诉讼的弊端，我国应该在结合本国国情的基础上，借鉴美国经验，建立符合本国特点的集团诉讼制度，利用消费者协会组织力量进行公益诉讼制度和集团诉讼制度相结合，使检察系统对集团诉讼进行司法监督，使得集团诉讼更具本土化的特点，从而更好地维护消费者的合法权益。

三、规范争议纠纷解决视角

（一）健全电子商务纠纷解决诉讼程序

对于简单的电子商务消费者知情权纠纷可以适用灵活简便的小额诉讼程序解决纠纷，但必须明确纠纷的管辖法院，也可适用非诉救济在线争议纠纷解决机制，即针对消费者投诉，利用电子科技在线协商、调解、投诉、仲裁的方式解决纠纷，具有一定的效率和较强的实用性，对于不能适用此机制的问题，可以直接向国家机关在线投诉或申请仲裁，国家机关经过调查核实后，在三到七天内给消费者回复，该仲裁裁决具有一定的强制执行力，高效率地解决了电子商务交易中标的额小、事实简单的纠纷，提高电子商务纠纷在线争端解决机制的执行力，适应我国当前电子商务行业健康有序、快速稳定的发展。

另外，经营者主体和消费者主体签订的电子合同具有法律效力，对经营者或电子交易平台擅自修改电子证据的行为实行惩罚性手段，将在线纠纷解决机制的强制执行性问题制订政策法规以落到实处，比如，交易平台要严格约束经营者的行为规范，对于拒绝接受电子商务纠纷解决机制的经营者采取降低其商业信誉和经济利益的惩罚。

电商交易的快捷化、复杂化、高效率和低成本使得传统的电子交易很难适应，实现互联网争议纠纷在线快速解决机制便成了一种便利的解决渠道，具体由消费者在线投诉、调解机构在线调解、经营者在线申诉的方式进行最终裁决，调解要求主体资格必须适格，保持中立，审查合法。利用在线非讼和解的方式和在线诉讼的方式，增加互联网法庭，开展网络诉讼业务，但是，在线诉讼制度作为民事诉讼的一种模式，只适合简单小型的电子商务纠纷，具有一定的局限性，要根据具体案件具体分析。

采取在线纠纷解决机制（ODR 机制），其具体模式主要包括四种：①顾客在线投诉方式，由第三方在线调解，在最初阶段解决争端；②针对金钱争议，实现在线谈判；③由中立的调解员按规定程序在坚持公平公正的原则下在线调解，明确争议焦点，达成和解协议；④实现在线仲裁。而 ODR 机制多层次性和多样性的特点使得双方从协商到调解再到仲裁程序，体现了解决消费者维权争议纠纷的高效率性，共同规制网络交易行为，规范市场建立诚实信用原则。

为了更好地适用电子商务侵权纠纷，促进电子商务健康有序发展，我国政府管理部门应及时建立消费者在线投诉中心，集中、快速、有效地处理消费者投诉维权问题，增加消费者对电子商务交易的信心和信誉度，此在线投诉中心专门解决消费者投诉维权问题，网络经营者的相关资质信息和联系信息在此专门机构有专门备案。设置专门年终考核机制，对于年度遭投诉较多的商家进行集中处罚，作为买卖双方的中间协调者，可以在线连接买卖双方，协商处理纠纷，对于在线处理不了的，此投诉中心要做后期跟踪调查，对消费者维权服务满意度也要做后期回访，旨在提高双方信赖度，提高成交率，全面维护消费者作为弱势群体的合法权益。

（二）健全政府等专门机构的监督管理机制

政府工商管理行政部门作为市场秩序的规范者和经济调控的主导者，必须从根源上把控电子商务信息监管的层层障碍，建立专门监管机构攻克电子商务市场监管这一重大难关。政府部门相较于电子商务经营者在消费者心中更有威信，对消费者的诉求积极回应，加强政府引导和市场监管。

第一，政府应统一梳理经营者的相关信息，迅速调查取证消费者投诉的经营者是否存在问题。

第二，使整个网络空间大环境保持生态绿色无污染化，及时删除虚假、欺诈、病毒、危险的相关信息和链接，严肃处理公布虚假网络广告、发布欺诈性信息的侵权行为人。

第三，通过举办听证会的方式聆听消费者的电子商务纠纷问题，增加消费者维权投诉举报渠道，做到政府监管部门接受消费者侵权案件信息以及经营者非法经营信息的互联互通，使经营者信息也能在消费者所能掌握的网络平台进行数据交流和调查跟踪。

第四，当代传播媒介诸如网络电视图书报纸的广泛普及，对电子商务中消费者知情权的侵害也可采取全社会进行舆论监督的模式，而且全员监督范围广、舆论震慑力极强的特点能够有效保护电子商务中消费者的知情权，各级政府加强对电子商务行业的行政监管，切实监督，深入市场，促进电子商务健康有序、科学稳定发展，严格规范网络虚假广告，采取实名制的方式发布广告以便违法追责，利用完善的《电子商务法》《产品质量法》《合同法》《消费者权益保护法》补充强有力的法律规制来保障落实到消费者知情权领域。

（三）健全争议纠纷解决的法律操作性和适用性

电子商务发展要求国家要紧跟网络科学技术对国家法律制度这块进行完善，尽早做到经营者和消费者信息的相对称以及利益的相互平衡，化解双方权利义务主体越来越突出的矛盾，不断夯实保护电子商务中消费者知情权的完整法律体系为保障，促进电子商务行业持续健康、稳定有序的发展。由此可见，政府指导下各机关详尽具体的法律法规、行业行为规范和具体的监管方案配合公平公正的认证机构的建立才能保证合法健康的电子商务市场交易秩序，因此，必须细化《消费者权益保护法》的相关细节，针对经营者的义务与责任和规范的电子商务市场交易秩序以及救济程序进行明确规定，上述一整套法律制度的进步与完善必将推动我国法治建设发展。

建立完善的信息发布制度也是规范争议纠纷解决的一个行之有效的方法，在电子商务商品交易中，经营者和消费者基本不能见面，消费者限于对电子商务交易知识的把握，加上网购经验薄弱，必须具有细化到经营者责任和应披露信息义务层面以及违法披露信息应该承担的法律责任的实体法律制度的明文规定加以支撑，《消费者权益保护法》和《产品质量法》规定了经营者应该提供商品特征、使用与要求、规格和主要含量以及特殊商品注意事项等商品信息，对于电子商务交易前应该让消费者知悉的信息做出统一明确的司法解释。因此，在电子商务交易中，存在消费者获知的信息与经营者提供的信息不对称这一现象，常常导致双方发生矛盾，经营者一味逐利就会夸大商品宣传大肆促销造成网络欺诈，因此，应从立法层面建立完善的信息发布法律制度，对不符合要求的经营者建立惩罚机制。

(四) 健全争议纠纷解决中经营者的法律责任

根据最新出台的《电子商务法》，违法行为不但要承担民事责任，还要承担相对应的行政责任和刑事责任，其中明确规定，经营者未按法律要求未在显著位置公示营业执照信息、行政许可信息、属于不需要办理市场主体登记情形等信息，或者上述信息的链接标识的，要处以相应罚款。加大电子商务中售假、欺诈的监督处罚力度，实现电子商务广告实名规则，明确经营方提供虚假广告的责任，对于侵害消费者知情权的经营者，经过严格审查确认后拉入黑名单，严格审查进入黑名单的企业经营者发布的广告信息。

第一，在进行商品或服务的电子交易过程商事活动中，经营者必须承担因违反法律和法定或约定的义务而产生的民事责任。

第二，行政责任也在经营者承担范畴，在电子商务交易领域，行政责任主体不只限定于行政机关及其工作人员还包括违反国家行政管理法规的经营者，损害公共利益开展违法经营活动违背行政法规规定。

第三，对于经营者违反电子商务交易刑事领域方面，经营者要承担相应的刑事法律责任，保证法律保护和行政保护相配合。

第四，经营者的举证责任也需进一步加强，《电子商务法》规定，对于特定商品，电子商务商品交易完成6个月内，消费者发现商品瑕疵，经营者应该举证证明其未存在侵权事实的反证证明责任，经营者举证不出来则被推定存在侵权事实，因为电子商务平台更具有独立性，其信息更加客观真实、证明力较强。

第四章 电子商务中电子合同的消费者权益保护研究

第一节 电子合同订立及消费者权益保护

一、电子合同的特点与分类

合同,也称契约,合同是平等主体的公民、法人、其他组织之间设立、变更、终止民事权利义务关系的协议,它已经成为保障市场经济正常运行的重要手段。传统的合同形式主要有两种:口头形式与书面形式。随着现代计算机技术和互联网的迅猛发展以及电子商务的出现,又催生了一种新型的合同形式——电子合同。

"电子合同是以电子的方式订立的合同,其主要是指在网络条件下当事人为了实现一定的目的,通过数据电文、电子邮件等形式签订的明确双方权利义务关系的一种电子协议。"[①]

(一) 电子合同的特点

"近年来,电子合同的应用呈现高速发展态势,并广泛应用于各商业领域。"[②] 电子合同作为一种以电子商务为基础的新型合同形式,除了具有传统合同的一些特征外,还具有其自身的特点:

1. 合同主体:非谋面性

在传统合同订立过程中,当事人一般是面对面进行协商的,能够通过正面观察、查验

---

① 周洪波. 企业签订电子合同的法律风险防范 [J]. 上海企业,2021,(07):84.
② 赵旭升,赵前. 电子合同的应用与展望 [J]. 中国石油企业,2021,(09):77.

身份证、鉴别营业执照等方式识别合同当事人。而在电子商务环境下，合同当事人可以互不谋面，只要坐在电脑屏幕前通过键盘与键盘在国际互联网上活动即可完成合同的整个签订过程。电子合同的签订虽然具有简单便捷的优点，但也存在诸如合同当事人的身份难以辨别等缺点，并因此引发了一系列法律问题，如，网络欺诈滋生，交易风险增加等。

2. 表现形式：无形性

与传统合同不同，电子合同不是以纸张作为记录的凭证，而是以数据电文的形式记录在计算机或者磁盘等载体中。由于其无法使用传统的方式进行签名或盖章而不存在原件和复印件的区分。由此带来的现实问题首先就是电子合同形式在法律上的效力如何，在证据法上则会涉及电子原件的认定以及电子签名技术的运用等。

3. 电子数据：易改动性

传统的合同一般是附着于纸面的，改动之后能够留下痕迹。而电子数据的传播是以计算机程序的分解、转化为基础的，在传播的过程中容易被截取、修改，但是电子数据是以磁性介质保存的，属于无形物，即使被改动、伪造也不易被发现。尽管发展中的计算机技术正在制定许多解决的办法，如，防火墙技术、通信记录、数字签名技术等，但这仍是电子数据内容相较于传统合同内容不稳定的地方。

4. 信息传递：即时性

电子合同的签订是当事人利用数据传递的方式签订的，网络本身的特点决定了数据传递的快速性。当事人所发出的要约和承诺可以在瞬间到达对方，如果发现错误需要撤回或撤销要约或承诺会存在一定的难度，因此传统法的一些规定在这里将难以适用。

可以看出，电子合同是网络环境下产生的新型合同形式，在现代科技的支持下，人们对它的依赖性会逐渐增强，它在带给人们无限方便的同时也存在着种种危机。尤其对于消费者而言，他们的权益在电子商务中将会面临更多的风险。

（二）电子合同的分类

伴随计算机技术以及电子商务的迅猛发展，电子合同呈现出多样化的发展趋势。对电子合同进行科学的分类不仅有利于更加深入的进行法学研究，更重要的是可以使电子合同法律制度的建设更具针对性和全面性。考虑电子合同的特殊性，可将其分为以下类型。

1. 按电子合同订立的形式分类

以电子合同订立的形式为标准，可以将电子合同分为以电子数据交换（EDI）方式订立的合同、以电子邮件（E-mail）方式订立的合同和电子格式合同。

（1）电子数据交换，简称 EDI。电子数据交换系指电子计算机之间信息的电子传输，而且使用某种商定的标准来处理信息结构。以电子数据交换方式订立的合同，其内容首先通过一方当事人输入计算机内，然后通过计算机自动转发，经过通信网络，到达对方当事人的计算机中。与传统合同相比，这种合同并不改变合同的内容。二者的主要区别在于合同的载体和订立过程不同。到目前为止，EDI 已经广泛应用于商业实践，其传递的是标准化信息，且有固定的程序，已经形成一整套规则和运行体系。

（2）电子邮件（E-mail）是互联网上应用最广泛的通信工具。它是以网络协议为基础，从终端机输入信件、便条、文件、图片或声音等，最后通过邮件服务器将其传送到另一端的终端机上的信息。以电子邮件方式所订立的合同的优势在于更能清楚地反映订约双方的意思表示，但同时也存在信息被窃取或修改的风险。

（3）电子格式合同，是电子商务所催生出的一种新型合同，主要适用于网络经营者与消费者之间的消费合同，主要是指由商品或服务的提供者通过计算机程序预先设定的合同条款，以规定其与相对人之间的法律关系，并适用于不特定相对人，相对人不得加以改变，必须点击"同意"后才能订立的合同。电子格式合同虽然具有方便、省时等优点，但也带来了许多法律问题，主要体现在消费者权益的保护方面。

2. 按电子合同标的物的属性分类

以电子合同标的物的属性为标准，可以将电子合同分为信息产品合同和非信息产品合同，这种分类方式基于合同所涉及的物品或服务的性质和特点。信息产品合同是指涉及数字化信息或数据的交易合同，而非信息产品合同则是指与实物商品、服务或其他非数字化资产有关的交易合同。

信息产品合同是在数字化时代兴起的一种合同形式，通常涉及软件、应用程序、电子书籍、音频文件、视频内容、在线服务等。此类合同的标的物主要是数字化的信息资产，具有可复制、可传播、可修改的特点。信息产品合同常见的例子包括软件许可协议、数字内容订阅合同和云服务协议等。

非信息产品合同则是指涉及实物商品或服务的合同，与信息产品合同相对应。这类合同的标的物可以是物理产品、房地产、汽车、旅游服务、餐饮服务等。非信息产品合同通常涉及物品的交付、使用权的转移、服务的提供或者其他实物资产的转让等。

对于电子合同的分类，根据标的物的属性进行划分可以更好地适应数字化时代的合同交易形式。这种分类有助于明确合同涉及的具体内容和法律要求，从而提供了更准确的法律指导和保护，使得电子商务和在线交易更加规范和可靠。无论是信息产品合同还是非信息产品合同，都需要遵守相关的法律法规，并确保合同的有效性和可执行性。

二、电子合同中的消费者

消费者指的是为生活消费需要购买、使用商品或接受服务的个人。电子合同中的消费者则是为了满足个人生活消费的需要，通过网络与经营者签订合同购买商品、使用商品或接受服务的个体。电子合同中的消费者与传统消费者并没有本质的区别，网络只是改变了个人购买、使用商品或接受服务的方式和环境，而没有根本改变对消费者的定义及法律适用。

根据国际通行的规则，具有消费者主体资格的只能是个人，B2B 交易模式中的单位购买者不具有网络消费者的主体资格也已经得到学术界的普遍认可。因此，这里需要探讨的是 C2C 模式中是否存在消费者与经营者的问题。

经营者不仅包括法人、其他组织，也包括个人。也就是说，在 C2C 交易模式中，将作为卖方的个人定性为经营者也不是完全没有道理的，那么 C2C 交易模式中的买方自然也就存在作为消费者受到保护的可能性。具体的原因有以下三点。

第一，从消费者权益保护的立法角度看，消费者的弱者地位并不仅仅表现在经济实力与经营者相差悬殊上，更表现在其交易经验的欠缺以及专业技能的匮乏上，最重要的是表现在双方信息不对称的层面上。在电子商务环境下，网络的虚拟化、技术化、无纸化使消费者处于更加不利的地位，所以，不能因为交易双方都是个人就认为他们是平等主体，适用民法保护。事实上，不管是企业还是个体经营者同与作为买方的个人相比，在交易能力与经验上都具有较大优势，只有将购买方视为消费者才能使其权利得到切实的保护。现代消费者保护立法是在充分认识到消费者弱者处境的基础上，站在消费者的立场上，对消费者给予特殊保护，从而达到抑制强者，保护弱者的目的。

第二，在 C2C 交易模式下，企业以个人身份注册并从事经营完全可能，而购买者很难得知与其交易的对象究竟是企业还是个人。如果法律一概将企业注册为个人用户的销售者排除在经营者的范围之外，那么与这类销售者进行交易的个人购买者不会被法律视为消费者从而无法受到特殊的保护。

第三，C2C 交易中，大部分的个人销售者以出售商品为业，主观上具有营利目的，客观上存在营利行为。如，在淘宝网中，任何个人都可以通过个人身份证申请"店铺"，进行商业活动。其"店铺"规模及产品种类甚至可以和现实生活中的商家相媲美，甚至规模更大、种类更多。其销售方式涉及拍卖、零售、批发等。这类个人销售者的性质和现实生活中的经营者是一样的，唯一的区别是其不需要经营许可证就可以在网上经常性地从事经营活动。将这一类个人销售者视为经营者，更有利于网络消费者权益的保护，而且在现实生活中，当网民在 C2C 交易中遭受欺诈时，大都选择向相关的消协或工商部门投诉。

当然，也不能把 C2C 交易中的电子合同完全视为电子消费合同，把 C2C 交易中的买方看作消费者，对于他们的界定也需要设定一定的标准。鉴于经营者与消费者是两个对立的概念，可以通过界定经营者来理解消费者。对此，建议从以下三方面考虑：①个人经营者是否以出售商品为业，具有营利目的；②个人经营者出售商品的数额或交易频率具体达到的标准；③个人经营者"店铺"货物的库存量具体达到的标准。

三、电子合同订立的要求

随着互联网和数字技术的快速发展，电子合同越来越被广泛采用。然而，要保证电子合同的有效性和合法性，有一些要求需要被满足。

第一，订立电子合同的各方必须是法定主体，具备与订立书面合同相同的法律行为能力。这意味着当事人必须是具备合法身份的个人或机构，并且能够理解并同意合同条款的权利和义务。

第二，电子合同必须满足明确的表达意思的原则。这意味着协议的内容必须清晰明了，语言表达准确无误，以避免产生歧义或争议。为了提高可读性和理解性，可以采用分条款、加粗字体或增加注释等方式。

第三，电子合同应当具备可验证性和完整性。为了确保合同内容在传输过程中的完整性和准确性，可以采用安全传输协议、数字签名、时间戳等技术手段进行保护。这样可以确保双方无法在合同成立后篡改合同内容。

第四，订立电子合同需要满足同意的要求。在订立合同之前，各方必须清楚地表示自己的意愿，并明确同意合同的各项条款和条件。可以通过点击"同意"按钮或签名等方式进行确认。

第四，电子合同的存档和保存也是至关重要的。双方应当保存与电子合同相关的所有文件和记录，以备将来查证和纠纷解决之用。可以采用数据备份、电子存档和云存储等方式，确保合同的长期保存和易于访问。

遵守这些要求可以确保电子合同的有效性和合法性，使各方能够信任和依赖电子合同的效力。

四、电子合同订立中的消费者权益保护

（一）电子合同当事人身份与缔约能力的确认

1. 电子合同当事人身份的确认

在传统合同的订立过程中，合同双方可以通过查验身份证、鉴别营业执照、核对授权委托书以及谈话等途径直接或间接地了解对方当事人的相关情况并确定合同当事人，或者通过长期的交易伙伴关系，或是通过对他方的资信状况等可见指标来建立一种最起码的信任关系。但是在电子商务中，参与网络唯一的限制是技术和设备，不受任何社会身份的限制，从而造成网络社会主体的复杂性。这就使得当事人不可能像在传统交易条件下那样对相对人进行考察以判定其真实身份，也就无法预知交易的真实性、有效性及合法性，从而为网上欺诈打开了方便之门。为确保消费者的交易安全，杜绝网络欺诈的泛滥，除了要求经营者负有信息披露义务以外，电子签名与电子认证制度也是解决这一问题的有效方式。

（1）电子签名。在传统合同的订立中，人们往往通过亲笔签名的方式确保合同双方身份的真实有效和意思表示一致，但是这种传统的手写签名在电子合同中无法实现。为了满足法律规定的签名要求，签名变成了一系列经过加密的电子信息，即电子签名。由于在电子合同的传输过程中可能会遇到诸如信息的截获、窃取、篡改、假冒等诸多安全隐患，因此网络环境下的电子签名的必要性和重要性更加突出。

根据《电子签名法》规定，电子签名，是指数据电文中以电子形式所含、所附用于识别签名人身份并表明签名人认可其中内容的数据。实现电子签名的技术手段目前有很多种，如基于密码技术的数字签名；用一个独一无二的以生物特征统计学为基础的识别标识；手写签名和图章的电子图像的模式识别等，但应用最广泛的电子签名技术还是数字签名技术。其实现程序是，首先发文者必须产生一个"密钥对"，由一把公共密钥和一把私人密钥组成，公私密钥之间具有唯一对应性，但是由公共密钥无法推知私人密钥的内容。发文时，发件人将所要签署的文件内容经由一系列函数的运算转换成信息摘要，同时用私人密钥对电文摘要加密，其结果即是对原文件做出电子签名。然后将文件及电子签名发送至收件人，收件人利用发件人的公共密钥核查发件人的电子签名，并通过解密运算得到所收到的文件原文。收件人对比两种电文摘要，看是否相同，如果相同，则说明电子签名未被他人改动，证明文件的确是由该公共密钥所对应的私人密钥所签署。电子签名如果有一点改动，收件人产生的电文摘要就会与发件人发出的电文摘要不同。

电子签名具有鉴定签名人身份和表明签名人认可合同内容的功能，从而确保合同的履行，并为追究违约责任提供证据。但电子签名只是当事人内部为保证数据信息的安全而采取的技术保障，尚不足以完全解决密钥持有人恶意否认的问题，也不能解决密钥丢失、被窃或被解密的问题。因此，还需要权威的、中立的、可靠的认证机构对"公共密钥"行使辨别及认证等管理职能，因此，电子签名的安全使用必须进行相应的电子认证。

（2）电子认证。电子认证，是特定的机构对电子签名及其签署者的真实性进行验证的具有法律意义的服务。其具体操作程序为：发件人在电子签名前，签署者必须将他的"公共密钥"送到一个经合法注册、具有从事电子认证服务许可证的第三方，即 CA 认证中心，登记并由该认证中心签发电子印鉴证明。尔后，发件人将电子签名文件同电子印鉴证明一起发送给对方，收件方经由电子印鉴佐证及电子签名的验证，即可确信电子签名文件的真实性和可信性。

电子认证主要应用于交易关系的信用安全方面，保证交易人的真实与可靠。具体表现在两个方面：一是防止外部人的入侵与欺诈；二是杜绝交易当事人之间的否认或误解。电子认证是对电子商务的一种组织上的保障，它不仅需要一定的电子技术，还需要一定的社会组织结构与之配套，即有认证机构作为信赖之第三方参与其中。这种认证机构可以由行政机关运作，也可以由私人服务提供商来实现，但是都必须严格设立条件和程序。首先，认证机构应该是独立的法律实体，有自己的名称、组织机构、活动场所，有独立的财产，能以自己的名义独立从事认证活动，并承担相应的民事责任。其次，认证机构应该具有中立性，它一般不直接与用户进行商事交易，也不代表交易任何一方的利益，而只应该在用户进行交易时，以受信赖的中立机构的身份提供信息服务。

总之，电子合同的当事人可以通过电子签名确认对方当事人的身份，并且可以通过电子认证机构来认证签名的真实性和有效性，以此来保护交易当事人的利益。

2. 当事人缔约能力认定

当事人订立合同，应当具有相应的民事权利能力和民事行为能力，这项规定也适用于电子合同。然而，在电子商务中，当事人如何获知对方的缔约能力状况，实务中存在判断上的困难。尤其在电子合同的订立过程中，网络经营者是否具有履行合同的能力，以及是否具有在违约的情况下承担损害赔偿的能力，都是一个值得重视的问题。解决合同当事人，尤其网络经营者缔约能力的认定问题，主要通过以下两种方式。

（1）建立电子商务市场准入机制。先要建立电子商务市场准入机制，将不适格的网络经营者在签约前即拒之于电子商务之外。从事网上零售业务的经营者如果想合法地参与网上的商业活动，必须要获得电子商务经营许可证，并在该经营范围内缔结电子合同。在颁发电子商务经营许可证之前，先要由专门的审批机构根据申请者提供的各种资料，按照严格的标准对申请者的资质进行审查。只有符合条件的，才能获得经营许可证。这些条件包括：①有企业法人营业执照；②经营项目符合电子商务要求；③申请网络交易的商品和服务必须达到国家规定的质量要求，并取得有关部门颁发的允许该类商品和服务进行网上交易的许可证；④资信较好，并依法取得一个可以被验证的身份标志，即数字证书；⑤应已建立了固定的销售或服务网络体系等。除此之外，网络经营者还需具备一定的硬件和软件设施，才能从事网上经营，否则将不能进入网络市场。

（2）建立一个由官方管理的因特网认证机构。在用户进入电子商务市场时，由认证机构按网上交易的要求核实该用户的真实身份，然后签发一份"电子证书"，其中包括身份证明、网上交易种类、支付能力证明等。以后该用户进入任何交易都要附带这份电子证书，用来说明他作为电子商务主体的合法性。同时，也把交易对方是否认真核对电子证书作为其主观上是否善意或者说是否已尽必要的注意义务的判断因素之一。电子证书的功能相当于工商行政管理部门颁发的营业执照，这份电子证书同样要经过认证机构的定期审核，以保证其有效性。另外，认证机构应该对所有进入电子商务市场的主体的基本情况的评估、审核进行保存，以便交易者进行审查。因此，电子认证机构的严格把关是对大多数交易主体平等的保障。

（二）电子合同的形式要求

在电子商务环境下，合同的订立方式发生了一些根本性的改变。一方面，电子合同的制作、发送和签署比传统合同更省时；另一方面，这种电子形式的合同却存在一些不利于消费者保护的因素：消费者在制作、阅读、签署电子合同时所用的时间比较少，决定往往也比较草率，而且在线交易还可能出现因消费者不正确点击错误地签订合同的情形。因此，为了应对这些新情况，应当对电子合同形式进行严格的规制。这里从保护消费者的角度考虑，主要探讨电子合同的书面形式与超文本性。

1. 电子合同书面形式与消费者证据上的强势地位

传统的合同形式主要有两种，口头形式和书面形式。口头形式是指当事人以对话的方式达成协议。书面形式则是指当事人采用有形记录的方式，主要是纸面方式来表达协议的内容。

随着计算机技术的发展，电子合同作为一种新的合同形式出现，但鉴于电子数据具有易消失性能和易改动性，能否将其定性为书面形式，曾经在学界引起不小的争议。尽管如此，电子商务的发展还是使人们逐步承认了电子合同的书面形式。书面形式是指合同书、信件以及数据电文（包括电报、电传、传真、电子数据交换和电子邮件）等可以有形地表现所载内容的形式。说明我国把电子合同囊括进了"书面合同"中去承认其具有与书面合同相同的效力。

承认电子合同的书面形式，无疑将有助于确立消费者在证据上的强势地位。在遇到合同纠纷的情况下，它将为消费者提供强有力的证据支持。同时，《联合国国际贸易法委员会电子商务示范法》已经较大程度上承认了电子数据的证明力。只是在将电子合同作为哪种证据形式上仍然存在很大的争议。有建议定性为书证，也有主张划入视听资料。但事实上，不管将其看作书证还是视听资料都有其不合理的一面。电子数据无法达到书证必须提交原件的要求。虽然它与视听资料很相似，但也不是完全相同。因为电子数据产生的技术手段与录音录像不同，且多媒体数据的出现将文、音、画结合在一起，已经超出了视听资料的范围。而且在司法实践中，视听资料通常是作为间接证据使用，不能单独、直接证明事实，甚至在地方法院对视听资料根本不予采纳。因此，有必要将数据电文设定为一种独立的证据，并且制定相应的证据规则，使其能够更好地发挥证明作用。

2. 电子合同的超文本性

虽然电子合同的书面形式已经得到各国的承认，但其特殊性依然存在，其中最主要的就是数据信息的超文本性。合同双方往来协商基本上都是通过数据电文的形式进行，最终签订的合同一般只包含简短的信息，其中往往会涉及同以外的数据库、文件列表、索引、代码等内容。对于这些内容，电子合同可能略过不谈，而是通过超文本标记语言编辑包含标记指令的文本文件，通过资源定位符指向所需内容，使最终的电子合同文本与所需文本建立联系。如果电子合同的超文本性得不到法律的认可，那么合同的制定者就必须把所有分散的内容都集中到同一个电子文本上，这样做将不利于电子商务效率的提高，而且在某些情况下还是无法实现的。

同时从另一方面来说，它还会使电子合同的有效性处于不确定状态。因此，法律应当正视电子合同与传统合同的区别，从鼓励电子商务的角度考虑，给予电子合同的超文本性充分的认可和支持。但是如果不加限制的承认电子合同的超文本性，一些经营者可能会通过故意设置一些不方便的链接等手段，侵害消费者的知情权。

因此，为了保护消费者的权益，在承认电子合同的超文本性的同时，也要为其设置必要的限制。对此可以规定法律承认电子合同超文本性需要满足的前提条件是，数据电文提及的条款能够被插入该数据电文的相应位置，并且应当真正为合同当事人所知晓和接受。电子合同如果达到了上述标准，其超文本就能够实现与纸质合同的文本同等的功能，被数据电文提及的条款就能够方便及时地为合同当事人所了解、查阅和修订。在判断被数据电文提及的条款是否构成合同的有效内容时，访问这些条款的难易程度、访问所需费用、保持其信息完整性的程度以及有无日后修订这些条款的措施等都可以成为酌情考虑的因素。

(三) 经营者的信息披露义务

1. 电子合同对消费者知情权的冲击

在电子合同的订立中，交易双方一般不需要直接见面，其意思表示是通过数据电文的形式表达的。而且所购商品也不再以具体的实体出现在消费者面前使消费者能够亲自挑选，而是以网络广告的形式进行介绍，因此消费者通常会缺乏对于商品的直接感官认识。为了追求利益最大化，作为信息优势者生产经营者可能会在广告中隐藏一些对其不利的信息或提供不完全的信息，甚至虚构广告的内容，使消费者面临不利的选择。因此，信息的不完整、不明确、不真实，不合理的格式条款都将导致消费者和经营者之间的信息严重不对称。而在电子合同的订立中，信息不对称可能导致消费者产生合意瑕疵。当消费者与经营者缔约时，消费者处于信息劣势，他们经常会因为错误的信息而做出非理性的选择，违反签订合同须为"双方意思表示真实"的要件，侵犯了消费者的知情权。

2. 经营者的信息披露规则

信息不对称破坏了交易双方的平等地位，因此，法律上必须更加注重经营者的信息披露义务。在电子合同订立之前，经营者应当以合理的方式充分、及时地向消费者提供事关消费者权益的重要信息，并为消费者提供合理审查合同条款的机会，使消费者的知情权能真正得以实现。在这方面，一些国家、国际组织已经做出了相应规范，对经营者应当在合同订立前以及缔约中告知或公示的信息内容和范围做出了详细规定。

(1) 信息披露的内容。经营者在电子合同中披露以下内容：

第一，经营者自身信息。具体包括：企业名称、贸易商号名称、主要营业地地址、法定代表人或主要负责人，以有助于消费者诉权的行使；有效的通信信息，包括现实的通信地址、联系电话以及电子邮箱，保证消费者能够迅速、直接、有效地与经营者进行联络和沟通；工商登记注册地、营业执照号以及相关政府登记资料，便于消费者对经营者的身份进行核对，并实现社会监督。

第二，商品或服务信息。在电子商务中，消费者也应有权根据商品或者服务的不同情况，了解商品的价格、产地、生产者、用途、性能、规格、等级、主要成份、生产日期、有效期限、检验合格证明、使用方法说明书、售后服务，或者服务的内容、规格、费用等有关情况。同时，鉴于网络交易中的消费者在交易前无法见到商品的实物，更加缺乏对于商品的直观了解，因此对于商品和服务信息的披露过程应该做出更严格的规定。网络经营者应当在网上比较显著的位置，以一种明确的方式，对于可能危及人身、财产安全的产品或服务做出真实的说明或明确的警示，并说明或标明正确使用商品或接受服务的方法以及防止危害发生的方法，从而保证其提供的商品或服务符合人身、财产安全的要求。

第三，交易信息。电子商务经营者应提供充分的有关交易的信息，以使消费者在充分的信息基础上就是否缔结合同做出决定。主要包括：商家收取全部费用的详细清单；商品配送及服务的履行方式；付款方式、条件；购买的限制，如，需要父母、监护人的批准以及地理或时间的限制；消费者的犹豫期间；消费争议的处理方式等。

第四，关于合同本身的信息（合同的订立、合同的权利和义务）。这类信息主要包括：订立合同的各项技术性步骤；合同订立后是否被服务供应商存档备案以及是否可以查阅；在订购承诺正式做出之前对数据处理过程出现的错误进行识别和纠正的办法；订立合同可以使用的语言文种等。

（2）信息披露的原则。一个完整的信息披露制度应当包括两个方面：披露的内容和披露的原则。这两方面是相辅相成的。如果只规定应当披露的信息而没有对披露的方式或原则做出要求，那么经营者就有可能采用一种模糊的、不易理解的或者难以获得的方式披露信息，这样消费者将很难或不可能获得清晰准确的信息。在披露信息的原则方面，应当至少满足以下原则：

第一，完整充分。"完整"是指经营者必须将相关信息全部披露出来，不得故意遗漏不利于消费者的信息，而"充分"是指经营者所披露的信息必须足以使消费者对是否订立合同做出正确的判断。

第二，真实准确。经营者应当本着实事求是的态度，不得做出虚假陈述，也不夸大或隐瞒事实。

第三，易于获得。经营者在披露信息时必须保证消费者能够查阅，不得运用技术手段对信息加以隐藏，或故意给消费者访问该信息造成障碍，或运用超链接的方式使消费者经过多次链接而仍无法得到所要了解的信息。

第四，易于理解。经营者在信息披露中所使用的语言必须是浅显易懂的，至少应该在一般消费者的理解能力范围内，不得故意使用一些文义晦涩的词语让消费者难以理解，或使用一些引人误解的表示让消费者对商品或服务产生错误的期待。

第五，及时。信息应当能在合同订立前予以披露，保证消费者及时地了解交易信息。

（四）电子错误的认定与规制

法律行为的本质特征要求行为人通过一定方式表现于外部的意思必须与行为人存在于

内心的真实意思相一致。意思表示真实是合同生效的要件。如果当事人的意思表示有错误，该合同便可能被认定为无效或可予撤销。由于电子交易的复杂性，对于电子交易过程中所出现的电子错误的规制问题就成为一个值得探讨的问题。

1. 电子错误的认定

在电子合同中，错误一般发生在两种情况下：一是认为的原因造成的错误；二是机器的原因造成的错误。这里所要探讨的主要是后者，系统的原因而非当事人的原因使得意思表示发生错误，将其界定为电子错误。电子错误指如没有提供检测并纠正或避免错误的合理方法，消费者在使用一个信息处理系统时产生的电子信息中的错误。构成"电子错误"应同时满足如下条件。

（1）电子错误必须是在消费者使用一个特定信息系统时产生的电子意思表示的错误。这里的"信息处理系统"指的是交易的商家提供的交易平台，而不是指电脑终端用户自己的信息处理系统。而且错误应当是产生于电子信息之中，而不是信息之外或与电子信息没有关联的领域。严格来讲，电子错误应该是系统本身由于程序上的缺陷所致，而非由于外来的原因所导致的系统出错，从而使得意思表示不真实。这一点要求把电子错误与系统遭受黑客的侵袭区别开来。

（2）消费者使用的信息处理系统没有向消费者提供合理的监测、避免或纠正电子错误的方法。这也是电子合同的提供方在程序设计上的两点要求：①商家提供的程序必须包括消费者检测错误的合理方法；②商家要提供纠正或避免错误的合理方法。需说明的是，电脑终端用户的操作错误不必然导致电子错误，但也并不是说不属于电子错误。例如，从某商场订购一台空调，结果在输入信息时不小心将数量"1"输成了"11"。假如没有意识到这种输入错误就把信息发送出去，而该商场也没有给我们提供确认信息的机会，那么这种错误应当属于电子错误。从电子交易的公平原则来讲，消费者应该还有一次对自己的信息确认的机会，这也应该成为电子交易的商业习惯。

在电子商务环境下，由于计算机信息处理速度极快，尤其信息的传输可以在瞬间完成，在此过程中发生错误，将会使消费者的权益无从保障。因此，正确地规制电子错误，对于网络交易的顺利进行、维护消费者的合法权益具有重要的作用。

2. 电子错误的规制

针对电子合同订立过程中经常出现的电子错误问题，需要从法律层面进行必要的规制。首先，事前预防，在传统的订约程序之外增加确认程序，同时也给予消费者冷静的时间重新考虑是否需要订立合同，以减少错误的出现；其次，事后解决，如果出现了电子错误，就必须要明确电子错误的责任由谁承担。

（五）惯性销售

所谓"惯性销售"，是指电子商务提供者在消费者未订购的情况下就向消费者提供货物或服务并要求支付价款的行为。这种销售方式是强制性的将消费者的沉默作为同意合同成立的意思表示，对于消费者来说显然是不公平的。按照《合同法》规定，承诺应当以通知的方式作出，根据交易习惯或者要约表明可以通过行为作出承诺的除外。网上购物时，除消费者为专业人员且另有约定外，消费者必须明示同意，否则，不能认定消费者已经作出承诺。

惯性销售现象普遍存在于我国网络服务提供中，未经消费者同意，乱收服务费的问题越来越突出，比较典型的就是短信服务提供商随意扣划消费者话费的问题。手机用户可以在网上定制各种短信服务，但是当用户停止短信服务后，有时提供商仍对之提供未定购服务，未经消费者同意就随意从其账上扣划话费，从而导致消费者的话费莫名暴涨，给消费者造成了很大的苦恼。所以，有必要从法律层面上对惯性销售予以明确规定：无论何种交易，经营者都必须经过消费者的定购或事先获得消费者的同意才能向消费者寄送商品或提供服务，并要求付款。对于消费者未定购的商品，消费者不负保管义务，但须通知经营者取回，在取回期间所发生的任何风险及费用都由经营者自己承担。当逾期未取回或无法通知时，经营者将丧失商品所有权。但是对于未经消费者同意而提供服务的，从消费者接受服务起，即视为免费。

（六）确认收讫与消费者获得确认权

在电子合同中，信息的传输速度非常快，几乎是在瞬间完成的，但是如果遇到网络故障、线路拥挤或者计算机病毒破坏等意外事件，信息就可能被延误甚至灭失。在此种情况下，发送方通常会以为接收人已经收到信息，而接收人对此却毫不知情。鉴于这种情况的出现，为了保证数据传输的可靠性，在电子合同的订立过程中，设立了确认收讫制度，即在接收人收到发送的信息时，由其本人或指定的代理人或通过自动交易系统向发送人发出表明其已收到的通知。

确认收讫实质上是通过发回来的信息来证实电子意思表示是否到达，以及传递中有无错误发生，它解决了意思表示发出后的不确定问题。这在保护消费者的权益方面发挥了巨大的作用。它对于保障消费者的知情权、减少电子合同订立过程中的不确定性具有重要的意义。一旦消费者以数据电文形式向经营者发出订立合同的要约，经营者必须无迟延地同样以数据电文形式确认收到了消费者的要约，否则，消费者可以不受其发出的要约的约束。

对确认收讫的规定，可以参考以下五项原则：

第一，确认收讫可以用任何方式或行为进行。

第二，发送人要求以确认收讫为条件的，在收到确认之前，视信息未发送。

第三，发送人未要求以确认收讫为条件，并在合理期限内未收到确认的，可通知接收并指定期限，在上述期限内仍未收到的，视信息未发送。

第四，发送人收到确认的，表明信息已由收件人收到，但不表明收到的内容与发出的内容一致。

第五，确认收讫的法律后果由当事人或各国自己决定。

第二节　电子合同履行及消费者权益保护

一、电子合同履约方式的选择

合同的履行是指债务人全面、适当地完成合同义务，使债权人的合同债权得到完全实现，它是当事人权利义务实现的正常结果。在传统交易中，交易双方进行的是面对面的交易，价款的支付与货物的交付基本上都是同步进行的。而电子商务具有虚拟性，交易双方往往身处异地，无法进行面对面的交易，就使得在电子商务中价款的支付与货物的交付很难同步进行。因此，在电子商务中合同能否顺利履行面临着更多的风险，加强对电子商务履约过程中的消费者保护是十分必要的，这主要体现在履约方式的适当选择上。

（一）电子合同的履行方式

1. 款到发货的方式

款到发货是指消费者先运用一定的价款支付方式付款，经营者在确认收到价款后才能按照消费者选择的配送方式发送货物，进而完成货物的交付。但是在现实中，由于我国的电子商务存在安全性不高、支付体系不完善、送货系统效率低等诸多问题，货物经过很长时间才能送到甚至送不到的情形都有可能发生。而且我国电子商务市场准入制度尚不健全，当消费者受到欺诈时也难以得到救济。这种建立在经营者诚信基础之上的履约方式在目前缺乏良好信用环境的电子商务市场中实行，只能使消费者承担更多的风险、处于更加不利的地位，从而影响消费者对于电子商务的信心。

2. 货到付款的方式

货到付款是指经营者在承诺的配送时间内将货物送达到消费者指定的地点，消费者当面对货物进行验收，若对货物满意，便直接将价款交付给配送人员，即由配送人员先代收货款再将货款送交给经营者的方式。货到付款的履约方式显然能够杜绝不履行或不适当履行的出现，确保消费者利益不受侵犯。但由于经营者需要向配送部门支付一定比例的服务费，所以必然会导致商品成本的增加，从而使消费者购买商品或服务的价格相对提高。加之此种履约方式还会受到消费者所在地域的限制、消费者所选配送方式的限制以及消费者订单金额的限制，因此，并非所有的消费者都能选择此种履约方式。同时也有可能会出现消费者在货物没有任何瑕疵的情况下拒收货物、拒绝付款的情形，导致经营者不仅蒙受配送费用的损失，还要将再次承担货物在途毁损、灭失的风险，经营者的利益将得不到保障。

在电子商务的发展中，保护消费者的利益固然重要，但是经营者的需求也不容忽视，正确的做法应该是以内含公正的法律效益为价值取向，注意在规范管理与鼓励创新之间求得平衡，在保护消费者和电子商务发展之间求得共赢，才能在保护消费者权益的同时也达到促进产业发展的目的。

3. 第三方介入的方式

为了避免款到发货与货到付款方式存在的缺陷，在实践中逐步推出了一种新的履行方式，即第三方介入的方式。它是指双方为了某个特定的重要交易，约定由可信任的第三方作为交易的监督人，以保证双方按照诚信原则履行各自的义务。具体步骤是：①交易双方成功缔约后，消费者先将价款划入其在第三方的账户；②第三方收到价款后通知经营者发货；③消费者收到货物且对质量、式样、规格等约定标准检验合格后通知第三方向经营者付款；④第三方将消费者之前划入的价款转入经营者的账户。目前这种方式已经受到越来越广泛的运用。

采用第三方介入方式，在一定程度上解决了消费者权益与经营者利益之间的冲突，增加了交易双方的信心。但是在该履约方式中，对于第三方的资格认定及管理仍然是个值得关注的问题。作为介入的第三方应当是信誉卓著且有经济实力的专业性组织，如信托机构、律师事务所、会计师事务所、网站等。第三方应当在信誉良好的商业银行开设专用账号并存有与所开展的业务规模相适应的储备金，该贮备金是第三方违背职责时向委托双方履行赔偿责任的保证。

（二）履约方式的选择与完善

为了使电子商务中消费者的利益得到充分保护，应当尽量选择对于消费者有利的履约方式。从保护电子商务中消费者的角度相比较而言，货到付款以及第三方参与的方式无疑都是上佳的履约方式。对于货到付款方式的不足可以通过构建完善的配送体系以及向消费者预先收取一定数额的押金用以降低经营者风险的方法加以弥补。同时，可以通过行业自律以及监管部门的有效监管对第三方机构加以规范，更应尽快出台相关法律法规对第三方机构的法律地位予以明确，从而进一步完善第三方参与的履约方式。

二、电子合同履行期限的特别规定

同一旦成立，当事人就应当按照约定履行合同的义务。但是在电子商务环境下，经营者迟延或者不履行合同的现象却屡见不鲜。因为一个完全的电子交易一般要经过十几个步骤才能完成，任何一个环节出现问题都会导致交易滞后。由于我国的电子商务存在安全性不高、支付系统不完善、配送机制薄弱等诸多问题，商品经常经过很长时间才能送到甚至因发生丢失、遗忘等原因而送不到，这些对于消费者而言都是非常棘手的问题。

为了有效地遏制经营者延迟履行或不履行的违约行为，应以法律明文规定经营者负有及时处理信息的义务。为此，有的国家或地区对电子合同的履行期限进行了限制，以更好地保护消费者权益。

欧盟为经营者履行合同规定了法定的最长履行期限，要求提供商必须在至多30天内履行合同，30天自消费者向供应商发出订单起算。不管发生什么原因，只要供应商未能在规定的日期履行合同，必须尽可能快地通知和返还所涉款项。当然，规则允许当事人排除这一规则，在当事人另有约定时可以不适用该期限。另根据该规则，在履行期限内没有履行的合同被视为自始没有订立，但消费者并不因此丧失因未履行所享有的权利或救济。在供应商不能提供消费者订购的货物或提供服务的情况下，提供商可能以相同质量和价格的替代物或服务履行之，其前提是合同有类似条款且提供商在缔结合同之前有以必要的方式通知消费者这种可能性。

以上规定显然是以保护消费者的利益为指导思想的。关于合同履行，我国合同法已经作了全面的规定，其履行规则可以适用于电子交易。《消费者权益保护法》中，远程购物的邮购中对消费者保护做出了规定，经营者以邮购方式提供商品而未按照约定提供的，应当按照消费者的要求履行约定或者退回货款；并应当承担消费者必须支付的合理费用。在目前对电子商务规定缺乏的情况下，可以将这一规定延伸适用于电子商务中的远程提供商品或服务的情况。

但是我国立法存在两点不足：第一，在交易双方没有约定履行期限的情况下，法律没有规定经营者的最长履行期限；第二，没有规定经营者退款的期限。缺少这两项期限的规定，会导致消费者的权利处于不确定的状态，不利于建立消费者对电子商务的信心。所以，我国在电子商务立法中应该增加这两项期限的规定及限制替代履行规则。因为在电子交易过程中，消费者会面临更多迟延交付的风险，确立履行期最长期限限制规则可以督促经营者及时履行合同，消除消费者面临的交易风险或不确定性，而限制替代履行则可以防止经营者无限制的替代履行，避免通过以次充好、以假充真等行为损害消费者的利益。

三、信息产品合同履行中的消费者特别保护

信息产品合同就是标的为信息产品的电子合同。由于信息产品可以被数字化并通过网络来传输，其本质上是一串特定的电子数据，具有可复制性，并且可以实现在线交付。因此信息产品合同在履行的时间、履行的过程、风险的承担、检验、退货等方面有其特殊性，在这种特殊的电子合同中，作为信息接收方的消费者的权益将会面临着更多的风险。

为了保护消费者利益，美国《统一计算机信息交易法》出台，对计算机信息交易合同缔结、履行、救济做了详细的规范，全部规范贯穿着保护交易安全和维护消费者利益的思想，对我国电子合同法律规制的建立具有重大参考价值。

信息产品的品质保证。《统一计算机信息交易法》专设一部分对保证做了规定。按照该法规定，许可方应当保证信息免于任何第三方以侵权或侵占为由提出的正当请求；保证计算机程序的适销性；保证不存在由于该商家未能以合理注意行事而导致的信息内容的不准确；保证信息适用于被许可方的特定目的。

信息交付的附随义务。所谓信息交付的附随义务是指为了使所交付的信息达到商品适用性，交付方所负的为完成合同主义务而必须履行的、不是出于合同规定的义务，以及接受方负有的合理提供适合于接收履行的设施的义务。这是一种法定的义务，它主要包括如何控制、访问、处理信息的资料的交付等。信息交付的附随义务能够保证消费者有效的支配所接收的信息。按照《统一计算机信息交易法》规定，副本交付的履行，要求履行方提供并保持该有效的副本给对方支配，并且以合理的方式给对方必要的通知，使之能够访问、控制或处理该副本。如果适当的话，要求必须在合理的时间内提交协议规定的访问材料或其他文件，接受履行的一方应合理地提供适合于接收履行的设施。

消费者付款前的检验权。《统一计算机信息交易法》规定接受复制的一方于付款或接受交付之前有权在合理的时间和地点以合理的方式对复制进行检验，以确定其是否符合合同规定。

除此之外，在信息交易中，还存在另外一个影响消费者权益的障碍，就是电子自助问题。所谓电子自助是指许可人依照法律的规定在合同约定的范围内主动采取控制性措施进行自我保护的法律制度。它是一种基于合同约定、惯例和法律的规定而产生的权利，目的是保护计算机信息和服务提供方的自身利益，防止被许可方不按协议行事、侵犯许可方权益的现象。事实上，电子自助又分为电子控制和电子救助。

所谓电子控制，按照《统一计算机信息交易法》的规定，是指目的在于限制对信息的使用的程序、代码、装置或类似的电子或物理措施。即，合同的一方当事人可以通过设置限制信息使用的程序、代码、装置或类似的方法来达到限制被许可方非法使用信息的目的。电子控制的应用的确对被许可方正确的使用信息起到了督促作用，但是这些行为毕竟是基于许可方的主观判断，没有严格的界限，也没有经过司法程序的许可，因此该权利被滥用的可能性极大。它的不当行使将会殃及许多无辜的用户甚至会破坏系统中其他合法使用者的文件，成为消费者信息权及安全权保障的隐患。

照顾到广大消费者的利益，在允许使用电子控制的同时，对其适用也应作出严格的程序规定，这才是比较科学的选择。归纳起来，电子控制所需要满足的条件包括：①合同中有条款授权使用电子控制；②被许可方在使用信息的过程中违反了合同的约定；③许可方在实施电子控制之前向被许可方发出了合理的通知；④许可方所采取的只能是消极的保护措施而不是积极的攻击措施；⑤许可方不得在发生违约行为或因违约而撤销合同之时使用电子控制以获得救济。

电子救助，则是在被许可方侵权或违约的情形下，许可方依据法定条件采取相应控制措施而进行自我保护的行为，它具体表现在占有权与阻止权。许可人的占有权是指，在撤销和同时，许可人有权占有所有被许可人控制或占有的许可信息的副本，和任何其他与该信息有关的根据合同应由被许可人退还或交付给许可人的材料。许可人的阻止权是指在撤销合同时，许可人有权阻止被许可人继续根据许可行使合同上或信息上的权利。

随着信息交易的普及，电子救助的问题已经成为网络交易中的一个普遍性问题，它是信息提供方与使用方之间矛盾的必然规律的反映。对其必须作出明确的法律规定，以利于妥善调节双方的利益。因此，应当为电子救助设立必要的法定条件：①电子救助行为必须是合同事先约定的；②许可方必须在有充分理由的前提下，既有充分的证据证明被许可方违约或在授权行为终止时，许可方又继续占有使用信息的意图，并可能对许可方造成损害，许可方才可以使用电子自助；③在行使电子救助之前，许可方应以一份记录向被许可方指定的人发出通知，并说明与电子救助相关的一些事项；④被许可方可以就由于电子救助的错误使用而引起的直接的和附随性损害获得赔偿；⑤电子救助不能造成人身伤害或对被许可信息以外的信息或财产造成重大损害。

信息产品的特殊性决定了信息产品交易中消费者保护的复杂性。在信息产品不断发展的今天，如果该问题解决不好，将会给消费者权益带来极大的隐患。在司法实践中，我们完全可以针对信息产品的特殊性给消费者以特殊的保护。

第三节　电子合同违约与纠纷处理中的消费者权益保护

一、消费者的退货权

网络交易与传统交易的一个重要区别就是传统交易具有当场检验权，可以在交易同时即时见到所购商品或其样品。而在网络交易中，消费者在收到商品之前通常见不到商品实物，仅仅是通过网络图片验证商品。由于网络本身的特殊性，消费者通过网络图片认识的商品与现实商品总会或多或少的存在误差，达不到消费者的理想标准。而经营者则往往利用消费者对商品信息的不完全了解交付有瑕疵的商品、质价不相符的商品，甚至出现订购此物而交付彼物的情形。

虽然我国《消费者权益保护法》规定了消费者享有退货权，然而在电子商务环境下，《消费者权益保护法》及各相关法律法规所规定的消费者退换货的权利却遇到许多新问题，对于这些新问题很难简单地适用原有的法律法规来解决。其中最为典型的就是数字化商品的退换货问题。

这里所说的数字化商品，是指在网上以授权使用方式进行交易，通过网络传递的电子书籍、影音资料或软件等商品。数字化商品的交易一般都是通过网络传输的方式进行的，并且消费者在购买这些数字化商品前，大多有浏览其内容或使用试用版本的机会，因此，如果按照传统的消费者保护原则，消费者要求商家对于所购数字化商品进行退还，则对于商家来说显然是有失公平的，因为数字化商品具有易复制性，商家无法判断消费者在退还商品之前，是否已经保留了复制品，而这种可能性又是非常大的。除了数字化商品的退换货问题外，电子交易退换货过程中还存在其他诸多问题，比如，由于退换货所增加的配送费用应由谁来承担；如果由于商品本身的特性而导致一些特征无法通过网络认识，消费者购买或使用后才发现，双方又无退换货的约定和法律法规依据，又该如何处理；这些都是需要尽快解决的问题。

（一）消费者退货权的适用

为保护消费者的权益，许多国家法律赋予消费者一定期间内试用商品并无条件解除合同的权利。这种无条件退货或解除合同的期间，被称为"冷却期间"或"犹豫期间"。对于这方面，很多国家和地区都作出了规定，如《天津市消费者权益保护条例》规定，当经营者以电视直销、互联网销售、邮购销售等方式提供的商品与广告宣传的外观、性能、质量和用途不一致时，消费者在收到商品之日起 7 日内有权要求经营者退款或者更换，邮寄费用由经营者承担。该条款赋予了消费者所购商品与广告宣传不一致情况下得以退货的权利。这对保护消费者权益而言，无疑是一大突破。然而我国规定的退货权的行使是有条件的，一般以商品不合格、对消费者造成损害或者商品与广告宣传不一致等为前提的。这与我国电子商务发展水平低有直接关系。但随着电子商务的发展，从较远的角度来看，我国应积极借鉴欧盟、我国台湾地区无因退货的做法，提高消费者保护力度。

1. 对于从网络订购的一般商品可以适用无因退货

网络消费者在商品交付或涉及服务条款的合同缔结日起 7 日之内可以退货或解除合同，不需要说明任何理由也无须赔偿。货物贸易中，合同解除期限自消费者收到书面确证之日起算。服务贸易中，合同的解除期限自合同缔结之日起算。如果 3 个月内收到书面确证的，7 个工作日的期限从收到书面确证的时间起算。供应商没有提供书面确证的，合同解除期限为 3 个月。退货权实际上是给予消费者一种选择是否解除合同的机会。如果消费者选择退货，实际上是行使了解除合同的权利。双方在合同解除后应当恢复原状，商家有义务及时全部退还消费者已付款项。如果消费者在退货期内不选择退货，则意味着愿意继续保持合同的效力。这一规则对于消费者权益的保护具有重要的意义。

2. 对退货权的限制

赋予消费者退货权虽然是必要的，但该退货权并非对所有的商品都适用。为了平衡交易双方的利益，必须规定一定的例外情形，如在归于消费者自身的原因或商品本身的特性不能解除合同的情况下，消费者一般不能主张退货或解除合同。这些例外情形应当包括：①服务的契约本于消费者同意，服务已经开始，而在 7 天期间届满者；②货物或服务的价格随金融市场波动而非供应者所能控制者；③所销售的商品系应消费者所定的规格或个人化需要或商品依其本质无法退货或易于恶化或过期；④视听记录或电脑软件供应合同，消费者已启封的；⑤报纸期刊与杂志订阅合同。

（二）配送费用承担问题

由于退换货所增加的配送费用承担问题，应该按退货理由的不同而给予区分。如果消费者没有任何理由而要求退货的，配送费用自然应该由消费者自己承担。在网站承担配送没有额外收费的情况下，可认为配送费用已含在产品的价格之中，商家可以在退货后退款时相应扣除，而在第三方配送的情况下，退货的配送费用应由消费者支付，在消费者不支付的情况下，由商家从货款中代扣。如果是因为商家瑕疵履行或违约而导致消费者退货的，该费用应该按约定承担，无约定的由商家承担。

二、网络消费者权益的合同管辖保护

网络交易过程中发生了合同纠纷，诉讼是解决纠纷的一种最重要的方式，而管辖权的确定则是诉讼的先决条件。根据我国民事诉讼法的有关规定，管辖权的确定一般实行"原告就被告"的原则。针对合同纠纷案件，由被告住所地或合同履行地法院管辖。合同的双方当事人还可以在不违反级别管辖和专属管辖的基础上在书面合同中协议选择由被告住所地、合同履行地、合同签订地、原告住所地以及标的物所在地法院管辖。这是对于普通合同纠纷的管辖问题，但随着社会经济的发展，这些原则将面临很多适用上的困难。特别是在网络环境下，由于网络上的逻辑方位不同于地理方位，这样导致双方当事人的所在地、合同缔结地以及合同履行地难以确定。而且电子合同的双方当事人往往相距甚远，很可能处于不同的国家，如果继续适用"原告就被告"的管辖理论，则无论从经济学的角度，还是从是否有利于判决的承认和执行的角度来看，都往往会使得原告获得司法救济的难度增大而且不利于纠纷的解决。因此，为了使电子商务中的消费者的诉权能够得到充分行使，有效地保障消费者的合法权益，各国都在积极探索有利于消费者的管辖规则。

因此，尽快制定电子合同纠纷管辖的法律，是保护网络消费者的正当权益，是推动电子商务发展的必然选择。我国法律对此并没有作出专门的规定，实践中通常适用民事诉讼法的一般规定，即由被告住所地或合同履行地法院管辖，也可以协议管辖。

从立法和司法实践的角度，立足我国具体国情，最有效的办法就是实行消费者住所地管辖原则，同时尊重消费者的意志自由。也就是说，消费者既可以在被告住所地国家起诉，也可以在其自己住所地起诉；而对方只能在消费者住所地国家起诉消费者。但是符合相应条件的可以通过协议排除该原则的适用：①协议是在纠纷产生后订立的或者协议准许消费者在本部分规定的地方之外起诉；②协议不违反消费者住所地法律的强制性规定或社会公共秩序；③管辖的法院应与合同纠纷有最低限度的联系。

三、责任界定与责任承担问题

在传统交易模式下，消费者的求偿责任主体较易确定，消费者可以依据合同法追究销售者的违约责任。但是在电子商务中，违约责任承担主体均变得复杂，经营者在其违约的情形下应承担相应的违约责任是毋庸置疑的。然而，在电子商务中还涉及一个特殊的主体，即网站。

当出现违约情形时，网站是否也应当承担违约责任则需要探讨。这里分两种情况进行分析：①在网络直销，即经营者借助网络（通过自己的网站或主页），直接向客户或消费者销售商品的模式下，网站事实上具有经营者和电子交易平台双重地位，它是电子合同的相对方，与消费者之间构成买卖合同关系，应当承担违约责任；②在中介模式，即经营者在网站的商品交易中心设立在线商店，消费者和经营者通过网站的交易平台进行交易之下，由于网站只是作为网络交易平台出现，自己不参与商品销售活动。因此，使得网站和消费者、经营者之间的关系变得较复杂，此时网站是否应当承担违约责任应当具体分析。

在中介模式下，网站与入驻经营者签订合同，网站提供广告宣传、页面维护、传递信息等义务，入驻经营者支付相应的费用，双方是一种合同关系，任何一方违约应承担违约责任，但网站与消费者之间无直接的法律关系。网站在电子合同的缔结中只起到信息传递的作用，不是买卖合同的当事人。它类似于《消费者权益保护法》所规定的展销会举办者或柜台、场地出租者。对于网站的法律责任，《网络交易平台服务规范》对网络交易平台提供商负有合理审查义务以及协助消费者行使追偿权的义务做出了规定，但其毕竟还是行业规范，所以未来立法应当明确网站的法律责任，以充分地保障消费者的权益。

虽然鉴于网络交易的特殊性，网络交易平台提供商没有条件对经营者进行实质性的审查，也不可能对其网站上所出现的所有的商品的来源、合法性、质量等进行检查，但其应该在其能力控制范围内尽到了足够的注意义务，维护交易安全。因此其要免责，至少还需证明自己尽到了以下义务，否则其应承担相应责任。

第一，对经营者进行严格的形式审查。网络交易平台提供商不能因为其不负有实质性审查的义务，就放任经营者随意注册，随便发布信息。形式审查的义务也需要网络交易平台提供商对于经营者的资格问题进行严格的审查。在其控制范围内，其可以通过手机认证或身份证认证等方式要求经营者提供真实的个人信息，以保证纠纷发生时，能够准确及时地找到经营者。但事实上，现在很多运用手机认证或身份证认证的网络服务提供商对此规定的并不严格，比如，很多网站在运用身份证认证时，仅要求提供身份证的复印件。身份证本身伪造、变造的可能性已经非常大，那么复印件的真假肯定更加难以辨别，违背了网络交易平台提供商必须尽到的足够的注意义务。

第二，协助消费者进行追偿。当发生网络纠纷时，网络服务提供商应当向消费者提供其所了解的经营者的信息，以协助消费者行使追偿权。同时消费者还可以对其所应当知道的其他与案件有关的信息，随时向网络服务提供商进行询问，网络服务商必须及时予以回答。否则，将会承担相应的法律责任。

第三，及时撤销违约或欺诈人在其交易平台上发布信息。当有充分证据证明某一卖家有违约、欺诈行为时，网络服务商有责任采取技术措施，及时撤销违约或欺诈人在其交易平台上发布的信息。并且在案件尚未处理之前，禁止发布其他交易信息，以防止该经营者继续进行违约、欺诈行为。

以上义务既考虑了网络交易平台提供商的承受力，又能通过约束网络交易平台提供商的行为较好的维护其和消费者的利益平衡，对于促进电子商务发展必定起到积极的作用。

第四节　电子格式合同及消费者权益保护

一、电子格式合同及其分类

随着计算机和网络时代的到来，面对广大的网络消费者，经营者根本不可能与每一个消费者进行面对面的谈判，于是格式合同以其所具有的极大便利和优势成为网络商家的最佳选择。"格式条款以其交易成本低、交易效率高等优势，在市场经济社会中得到愈加广泛的应用。"[1] 这种订约方式延伸到电子交易中，促使电子格式合同出现并大量应用。电子格式合同主要分为两种：拆封合同和点击合同。

拆封合同是指合同提供人将其与不特定第三人之间权利义务关系的相关条款，印在标的物的包装上面，并在合同中声明只要消费者在购买后拆开包装，即视为接受的格式合同。拆封合同最开始是用于计算机软件的销售，经销商将有关限制消费者使用的条款印刷

---

① 赵旖超. 我国电子合同中格式条款立法规制 [J]. 合作经济与科技，2021，(18)：184.

或记载于产品的包装或者封面上，只要购买人打开包装即视为接受该授权之全部条款，拆封合同即告生效。随着电子商务的发展，信息产品可以从网上直接下载，不再具有传统的包装形式，于是拆封合同也就出现了新的形式。当我们从网上购买和安装软件的过程中，通常会出现一个软件授权协议，在协议的末尾有同意和不同意两个按钮，只有在点击同意按钮后，购买或安装才得以继续，这实际上也就类似于点击合同。

点击合同，又被称为网站包装合同，系指由商品或服务的提供人通过计算机程序预先设定合同条款的一部或全部，以规定其与相对人之间法律关系，相对人必须点击"同意"键后才能订立的合同。点击合同是典型的电子格式合同。虽然它是由拆封合同演变而来的，但是又并非仅仅是电子版的拆封合同，与拆封合同相比，点击合同的应用范围比较宽，拆封合同局限于买卖关系，而点击合同则从产品使用许可到免费邮箱申请，从买卖扩展到非买卖关系；同时，点击合同一般是在消费者阅读了格式条款后订立的，而拆封合同中消费者往往事先没有阅读格式条款的机会；另外，点击合同具有部分可选择性。某些点击合同的条款可供消费者选择，选择不同权利义务关系也有所不同，而消费者却无法选择或改动拆封合同的任何条款。

二、电子格式合同对消费者权益的冲击

尽管电子格式合同对于消费者具有简化手续，节省交易成本，明确责任的有利效果，但不可忽视的一个事实是，作为格式合同一方的消费者根本没有参与合同的制定。由于合同双方当事人的经济地位和社会地位极端不平等，一方是拥有商品和服务控制权的经营者，另一方是急需获得商品或服务的消费者。对于消费者来说，所谓的缔约自由根本就无从谈起。消费者通常在迫于无奈的情况下接受经营者提出的种种不合理要求。为了追求利益最大化，经营者往往在格式合同中规定对自己有利的条款，限制了网上消费市场的自由竞争，产生了诸多的负面影响。

首先，对于网络消费者的自主选择权构成挑战。电子格式合同通常是由经营者事先拟定然后强加给消费者的，这就排除了双方就合同条款进行磋商的可能性，从而使消费者意思表示自由受到极大限制。虽然电子格式合同赋予消费者"同意"与"拒绝"两种选择，也是意思自治的表现，但这种表面自治并不能掩盖事实上的服从与妥协。

其次，侵害了消费者的公平交易权。网站提供的格式条款一般都是冗长复杂的，绝大多数消费者通常不会阅读这些条款就直接点击"同意"。网络经营者通常会利用消费者的惰性心理，将一些不利于消费者的内容订入格式合同，其中包括：①经营者减轻或免除自

己责任，如规定网站不对因其自身或工作人员之过失所造成的消费者个人资料丢失或泄漏负责；②加重消费者的责任；③限制或剥夺网络消费者的权利，如规定消费者在所购商品存在瑕疵时只能要求更换，却不得解除合同、减少价款或要求赔偿损失；④不合理地分配风险，如规定系统故障、第三人行为、不可抗力等因素产生的风险由消费者负担；⑤缩短法定的瑕疵担保期限；⑥转移法定举证责任；⑦单方约定有利于自身的纠纷解决条款，如规定以自身住所或营业地为一审法院从而增加了相对人诉讼费用，或规定仲裁条款从而使相对人丧失通过法院寻求司法救济的途径等。

最后，消费者的知情权难以实现，这主要体现在电子格式合同的表现形式上。提供方常常会采取许多不合理的手段使消费者不能或懒得去了解格式合同的内容，如故意将不公平条款以细小文字书写；将合同条款制作的模棱两可，令人不知所云；故意使用文义晦涩的词语、生僻的专业术语，使消费者难以理解其含义；将本来可以在合同主页规定的合同条款故意链接在其他网页，而不作说明或故意设置不方便的链接；合同条款制定得非常复杂，故意将不合理的条款放置其间，根本不能引起一般人的注意，或者虽然知道它们的存在，但因内容难以理解而失去阅读的兴趣，或即使加以阅读，也难以理解其法律意义。这些显然都违背了诚实信用原则，对于消费者来说是不公平的。

三、电子格式合同中的消费者权益保护

我国《合同法》对普通格式条款问题已做出规定，要求条款提供方遵循公平原则明确当事人间的权利义务，承担说明和提示对方的注意义务，确立了其无效的数种情形，并制定了相应解释规则。这些法律所确立的基本原则和精神，对电子格式条款也同样适用。然而，网上交易的无纸化、非谋面性、无国界性使消费者在网上交易中处于更加不利的境地，面临更多的诸如合同欺诈、不公平条款、信息不对称等问题。因此，我们除应遵循现有消费者权益保护法规外，还应针对电子格式合同的特殊性进行特别规制。

（一）保证消费者在缔约前有合理充分的审查机会

基于网上交易双方信息的不对称性以及合同订立过程的非协商性，合同的提供者应当保证相对人在缔结合同之前有充分的时间和机会了解合同的内容，因此，可以通过立法规定合同提供者负有向消费者提供审查合同的义务，以使消费者知情权得以真正实现。若未赋予消费者审阅合同条款的机会，或条款不明确，或网页显示的字体难以引起注意，或以不清楚的超级链接方式链接条款内容，视为未向消费者明示告知，即使消费者点击了同意

键也可以排除该格式条款的适用效力。

合同的提供人应保证相对人在订约之前或订约之时向消费者出示合同内容，并对一些重要条款采用特别提醒的方式，至少应该能够引起具有一般注意能力的相对人的注意，如采用醒目易懂的语言文字或者字框、下画线等方式进行提醒。而对于免责条款以及与消费者利益密切相关的其他条款，经营者应当以更加显著的方式予以明示，如在定单界面中说明这些条款等。必要的时候，还可以要求合同提供者设置一定关口，只有消费者阅读了全部或关键性的格式条款，才能继续下一步或完成合同的缔结，从而确保了消费者知情权的实现。

（二）对不合理条款的限制

在电子商务中，经营者经常会利用格式合同来制定一些特别条款，直接规定免除自己的法律责任，或者通过规定加重对方的责任、限制对方的救济手段以达到减轻自己责任的目的。这种条款很容易在经济实力悬殊的当事人之间造成不公平，进而损害消费者的利益。因此，应该通过立法来规制这些不合理条款。遵循消费者保护的法律机制，规定电子合同中不应使用不合理的合同条款。对那些容易造成当事人的合同权利义务明显失衡的条款、有悖于诚实信用和公平交易的条款以及背离合同目的的条款必须进行限制，不得订入电子合同，从而确保消费者的选择权和公平交易权能真正得以实现。

（三）制定公平合理的合同解释规则

我国《合同法》规定，对格式条款的理解发生争议的，应当按照通常理解予以解释。对格式条款有两种以上解释的，应当做出不利于提供格式条款一方的解释。格式条款和非格式条款不一致的应当采用非格式条款。以上规定显然是偏向消费者的一种合同争议解释规则，对于保护消费者的利益起到了一定的作用，但却是有违法律的公平与正义的。特别是中国电子商务正处于发展的关键阶段，在保护消费者权益的同时，也必须注意到电子合同及其伴随的电子消费，作为一种新的经济行为，应得到鼓励和支持。

对此，可以借鉴《统一计算机信息交易法》的规定，在处理合同自由和公共政策的关系之间，如果某个合同条款违反了根本性的公共政策，法院可以拒绝强制执行该合同，或者强制执行该条款以外的合同内容，或者限制该条款的适用，避免使之产生与公共政策相悖的结果。因此，在解释网络交易格式条款时，应抛弃传统的绝对化的解释，采取更加灵活的判断标准，将仅仅考虑某方当事人利益的解释变为以公共政策为标准。

（四）严格控制电子格式合同的单方修改权

合同成立以后，合同的提供者如果打算修改或添加合同条款，首先，要担负起在合理期间内提前通知消费者的义务，即当经营者对合同条款做出重大修改将严重影响消费者利益时，应负有提前通知的义务，给予消费者合理的准备期间。其次，还应征得相对方的同意，并就修改或添加的条款重新与消费者订立协议，而不能直接生效。若有消费者对于修改或添加的条款表示不同意，可以解除合同，由此所造成损失，应该由合同提供者予以赔偿。如果合同约定有履行期限的，原则上不准提供方在此期间内单方面变更合同。当然，其与消费者达成协议的除外。

第五节　电子商务合同中消费者权益
保护的完善策略

一、建设高素质的执法队伍，加强网上交易监管力度

除了相关法律法规的健全与完善，有关职能部门有效的行政监管也是很重要的，在市场经济不发达的阶段，有关职能部门强有力的监管对减少损害消费者权益事件的发生有重要作用。

首先，有关职能部门应加强对电子商务这种新兴交易模式和交易行为的认识，发现和了解这种商务模式的特点和容易出现问题的环节，以便于对症下药，找到解决问题的方法。

其次，针对电子商务环境不同于以往交易环境的复杂性特征，为了对消费者权益的切实保护，我们还需要一支高素质的执法队伍，加强队伍培训，让他们不仅掌握有关消费者权益保护的法律、法规，还要掌握计算机及一定的网络知识、电子商务实践知识和相关的国外的纠纷处理的机制和方法。这些知识可通过集中学习、培训等方式获得，但更为重要的是在实践工作中的摸索与积累。各地的工商管理局，应当加强系统内部的学习和交流，共同提高监管工作水平，更好地维护消费者的权益。而且还要加强软件、硬件的建设，使消费者权益保护工作能做到进行网上监督、网上投诉、网上裁决、网上索赔和网上处罚。

再次，有关职能部门还应转变观念，逐步将监管重点由有形市场向无形市场转移，进一步改进监管方式，加大执法力度，对于电子商务中侵害消费者权益的突出问题进行严厉

查处。

最后，应该赋予工商部门更广泛的强制监管权。应赋予工商部门更广泛的强制监管权，如可向法院直接申请传唤令、冻结令等。还应该注意的是针对电子商务的全球性等特征，全国的工商系统在监管过程中更应加强配合，共同执法，打破电子商务的地域界限，从而更有利于对电子商务的有效监管。

此外，相关职能监管部门还应做好宣传工作，通过各种宣传媒介，向消费者宣传与消费者权益保护相关的政策、法律，并提供电子商务行业的相关消费信息，提醒消费者在选择电子商务交易对象时应选择信誉好、经营规模大、网民评价优的商家，并在购物时索取购物凭证，以免发生纠纷时无证可寻。

二、完善经营者市场准入制度和信誉评价机制

（一）经营者市场准入制度的完善

完善的电子商务经营者市场准入制度，是电子商务环境中交易安全的有效保障。根据我国法律的规定，凡是从事生产经营活动的主体都应当在工商部门进行工商登记注册，向税务部门登记纳税。但这一规定面对电子商务交易的虚拟性等特性是无法有效实施的。通过对现在比较知名的电子商务网站的调查可知，企业经营者与个人经营者的准入条件存在着较大的不同，要在这些网站上从事经营活动，企业必须提供营业执照，个人只需提供身份证复印件和银行账号，在网站上进行注册并选择不同的服务类别，按类别交纳一定的服务管理费用，再将其所要出售的商品或服务的有关图片上传到网上即可。这就导致在电子商务市场中存在着大量运用虚假身份参与交易或无证经营的经营者，对交易安全十分不利。要想解决此问题，必须采取相应措施加以规制，其中强制电子商务中的经营者进行工商登记便是最有效的方法。

由于电子商务的全球性，无国界性等的特征再加上我国目前实行的市场准入制度办理登记的手续异常繁杂，使得强制电子商务中的经营者按照传统的工商登记方式进行登记是不现实的。若强制进行将使电子商务的方便快捷性大打折扣，挫伤电子商务经营者的积极性，不利于电子商务的健康发展。因此，在完善登记制度时既要充分考虑到消费者利益的合理满足，又要考虑到经营者的现实承受能力，针对电子商务的特殊性，适当降低电子商务经营者的市场准入条件，简化办理登记的手续。同时根据电子商务无纸化的特点，电子商务经营主体无法为消费者提供纸制的营业执照，即使运用将营业执照扫描上传的方法加

以提供，但由于电子商务的技术性，还会存在通过技术加以伪造、篡改的可能性，从而无法增强营业执照的可信度。

因此，应当建立电子营业执照制度，电子营业执照是指根据《中华人民共和国公司法》《中华人民共和国企业登记管理条例》《中华人民共和国公司登记管理条例》《中华人民共和国合伙企业法》等有关登记注册的法律、法规，由依法成立的具有认证资格的部门，以数字证书为基础，由工商行政管理部门制作、核发、载有企业注册登记信息的电子信息证书。由于它采用了国际先进的高科技制作技术，从而在最大程度上减少了被伪造、篡改的可能，是目前电子商务经营者最可靠、最权威的身份证明，同时也便于电子商务经营者在其网站或网页上进行出示。

因此，针对电子商务市场，应当对经营者的市场准入制度加以完善，适当降低市场准入条件，简化登记手续，使得从事营利性经营活动的经营者都能够依法自觉地进行工商登记、领取相应的电子营业执照，保障交易安全，从而更有助于保护电子商务环境中消费者的合法权益。

（二）经营者信誉评价机制的建立

建立电子商务中经营者的信誉评价机制，可以预防因电子商务经营者的欺诈和不适当履行义务而对消费者权益造成的侵害，同时提醒消费者选择信誉评价好的商家消费，从而对这些不法经营者起到惩罚的作用，使其在今后的交易中严守规则，有利于电子商务秩序的规范。

建立经营者的信誉评价机制需要一个权威、中立的信誉评价机构，对从事电子商务的经营者的行为进行监督。目前我国的商誉评价主体有两种方式：①非经授权的评价主体，其可能由非营利机构或者以营利为目的的企业建立，是市场需要的产物。目前有一些网站向公众提供商业机构的商誉信息，这些网站就是此类评价主体。②授权的评价主体，目前尚无专门从事信誉评价的机构，但一些机构如消费者协会对生产不合格产品的企业进行曝光，公布信誉良好的企业名单等即为商誉评价行为，以中国的国情论，授权的评价主体更能体现权威性、保证中立性。通过商誉评价行为，自然会影响到电子商务经营者的经济效益，从而使其感受到舆论与利益追求的双重压力，调整经营策略，注意消费者权益的保护。同时也必须建立一定的惩罚机制，对商誉较差的电子商务经营者加以惩戒。

此外，许多大型的购物网站都有自由的信用相互评价机制，即卖家与买家之间在交易结束之日期互相评价对方的信用程度，评价分为好、中、差三种，每一种评价对应一个信用度分值，并根据用户的信用评价记录划分信用等级，所有信用记录都是公开的，信用等级的高低往往是买家选择卖家的重要依据，因此维护信用记录，意味着财富的获得，这对于电子商务消费者的保护十分有利，因此，也可以借鉴这种信用相互评价机制，使得电子商务经营者注重创造和维护自己的商誉。

三、建立有利于消费者的争端解决机制

（一）在线争端解决机制的运用

在线争端解决机制（ODR）是纠纷的非诉讼解决机制（ADR）或称替代性争端解决机制的延伸，是利用互联网和信息技术的各项通讯和技术工具，由互联网上非法院但公正的第三方，解决电子商务争议的所有方式。这种争端解决机制的出现主要是为了适应高速发展的电子商务的需要，克服传统的诉讼等的争端解决方式的种种弊端，如管辖权难以确定、诉讼成本过高等，使得电子商务中的消费者在争议发生时能够根据自己的情况选择真正切实有效的争议处理途径，以确保消费者得到有效救济，从而增强消费者对于电子商务的信心，促进电子商务的蓬勃发展。这种机制目前主要包括四种方式：在线消费者投诉、自动化协商、在线调解以及在线仲裁。

在积极提倡并推广 ODR 机制的同时，应当确保其公正性和权威性，由国家政策或法律确认这种制度并进行规范，从而公平、公正、快速、便捷地解决电子商务消费纠纷，便于电子商务中的消费者利用这一机制寻求相应救济，从而维护其合法权益。

（二）确立有利于电子商务消费者的诉讼管辖原则

电子商务的虚拟性和无国界性将传统的地理界限彻底打破，使得发生纠纷时传统的"原告就被告"的司法管辖难以发挥作用，容易发生消费者告状无门的状况，不利于电子商务中消费者权益的保护，但诉讼毕竟是处理电子商务争议的重要途径，为了帮助消费者顺利通过诉讼手段解决争议并维护其合法权益，我们应该根据电子商务的自身特点并借鉴国外立法经验确立有利于电子商务消费者的诉讼管辖原则，即由消费者住所地法院管辖。

电子商务中的消费者遇到的纠纷通常为合同纠纷和侵权纠纷，在合同纠纷中，即由被告住所地或合同履行地管辖。针对侵权纠纷案件，由侵权行为地或被告住所地法院管辖。针对因产品质量不合格造成他人损害的案件，产品制造地、产品销售地、侵权行为地和被告住所地的人民法院都有管辖权。基于电子商务的特性，适用这些传统规定，确定这些地点十分不易，不利于消费者参与诉讼。

确立有利于消费者的诉讼管辖原则，即由消费者住所地法院进行管辖，有以下优点：

首先，便于消费者参加诉讼。发生纠纷时由消费者住所地法院管辖，消费者就可以在争议发生的第一时间就近将争议提交法院，免去了适用传统管辖原则时确定被告住所地等的不便，同时也符合我国民事诉讼立法中尽可能为当事人提供诉讼上的便利的指导思想。

其次，有利于案件的公正审判。由于电子商务中的消费者进行的一般都是小额交易，消费者所在地法院的管辖可以最大限度地降低消费者的诉讼成本，避免消费者因诉讼成本过高而放弃维权的情形，同时也避免了传统管辖原则下由被告住所地管辖而带来的地方保护主义导致的审判不公的情形。

基于上述优点和对国外先进立法经验的借鉴，在确定电子商务消费纠纷案件的管辖权时，应以消费者住所地法院管辖为原则，从而有利于消费者有效行使诉权，维护其自身的合法权益。

四、加强行业自律和消费者自律

对于行业自律的理解，广义上讲，其包括了企业、企业集团、行业协会或组织对条款的自我审查或拟定；狭义上讲，指行业协会或组织对本行业企业的条款进行审查或拟定的活动。由于现阶段我国电子商务中消费者权益保护的相关法律法规制度的不完善，使得在电子商务经营者中倡导行业自律具有重要意义，将十分有利于电子商务市场的规范和消费者权益的保护。

消费者自律组织，在我国即是消费者保护协会，承担消费者保护组织的功能。它既可以接受消费者的投诉，也可以代表消费者与商家谈判或交涉，参与拟订某些格式条款，维护合同内容的公平合理。在网络环境下，其可以利用网络优势，实施维护消费者权益的职能。比如，全国联网的网上投诉中心，不仅方便各地消费者投诉，而且使全国消费者可以共享信息，使不诚信的商家被曝光。还可以利用网络技术进行在线解答，对于典型性问题公开解答，从而普及知识，加强消费者教育。

除此之外，消费者协会还应该做好相关法律法规的宣传工作，引导消费者自觉学习相关法律知识，增强维权意识，懂得如何保护自己的个人信息、缔约前详细阅读关乎自身利益的格式条款、根据有关法规与经营者进行协商以避免争议的发生、注意保存交易的各种资料等，这些都将有利于对其合法权益的保护。

第五章　电子商务中电子支付的消费者权益保护研究

第一节　电子支付及其发展趋势

电子商务中参与商务活动的各方，包括商家、顾客、银行或金融机构、信用卡公司或证券公司和政府等，都通过计算机网络完成各自的作业流程，全面实现网上在线交易过程电子化。电子商务包括两个基本环节，即交易环节和支付结算环节，主要涉及的是企业及个人的对外交易部分。电子商务不可避免地要发生支付、结算和税务等对外的财务往来业务，势必要求企业与企业之间、企业与银行之间能够通过网络进行直接的转账、对账、代收费等业务往来，而支付结算业务绝大多数是由金融专用网络完成的。

众多的第三方支付也会与银行有着千丝万缕的联系，很多情况下，第三方支付的客户账户的资金也是来自于客户的银行账户，要借助于网络银行或者手机银行进行资金转移。因此，离开了银行，便无法完成网上交易的支付，也谈不上真正的电子商务。

电子商务的应用普及必须有金融电子化作保证，即通过良好的网络支付与结算手段提供高质高效的电子化金融服务。信息技术和网络为金融电子化创造了条件，电子银行、电子钱包、电子付款以及智能信用卡等已开始应用。但是，要真正发挥金融电子化对电子商务的保证作用，还需要建立完整的网络电子支付系统，提供验证、银行转账对账、电子证券、财务管理、交易处理、代缴代付、报表服务等全方位的金融服务和金融管理信息系统。

未来的电子商务将依托于互联网和移动互联网，在电商化的驱使下，以"互联网+"和传统行业（先进制造业等）的形式进行深度融合。而电子支付在这个过程中将发挥巨大作用。"目前，随着信息技术的快速发展，电子支付成为一种较为普遍的支付方式，给人们支付活动带来了便利。"① 电子支付尤其是第三方支付在这个过程中，必然渗透到各传统行业中，如，与金融领域相关的银行、证券、保险、邮电、医疗、文体娱乐和教育等众多行业，市场潜力巨大。

一、电子支付的认知

在经济生活中，每个人都会发生交易行为，交易的结束必然伴随物品的所有权的转移，而支付就是商品或劳务的转移以及债务的清偿过程。随着移动互联网和智能手机的推广应用，电子商务的新模式（如新零售等领域）将更加注重用户体验，因此，电子支付、移动支付这些新模式将会发挥更大的作用。

（一）支付系统

支付系统是指金融业为了解决经济行为人之间的商品交换和劳务关系所引起的债权债务的清算和结算而提供的一系列金融服务。支付系统由经济行为人、第三方支付等非银行支付机构或者商业银行以及中央银行共同构成，它们各自担当不同的角色。经济行为人之间由于交易而产生支付义务，在第三方支付机构出现之前，这种支付义务必须依靠中央银行为其提供银行间的清算服务，所以，中央银行是清算的终结机构。而在第三方支付机构出现以来，第三方支付平台承担了很大一部分电子商务活动中的清算服务，这种清算服务一直持续到网联平台出现为止。

支付体系通常由两个层次构成：底层由客户和银行等金融机构的支付与结算活动组成，高层由面向往来银行和金融机构、中央银行与商业银行之间的支付与清算活动构成。这两个层次将金融交易中的双方与银行等金融机构紧密联系起来，共同构成一个复杂的支付体系。自从纸币和票据出现以来，这两个层次的资金支付活动就一直存在，但是由于纸质票据缓慢的流通速度和繁重的数据处理工作严重阻碍了资金流通，没有形成现代意义的支付体系。银行卡的出现、计算机技术的发展、各种电子资金转账的建立和推广，促使纸币发展为电子货币，通过资金流和信息流这两种电子信号流将资金支付活动的双方有机地联系起来，形成了各种电子支付系统。

第三方支付平台的出现，使得支付系统出现了更多新的形式。支付的完成不再仅仅局限于客户、银行之间以及银行间的结清算活动。在电子商务活动中，第三方支付承担了更多的支付职能，但它们只是非银行的支付功能完成机构。

---

① 张轶晖. 电子支付对货币政策的影响 [J]. 现代商业，2023，（10）：124.

（二）电子支付系统

电子支付是指电子交易的当事人（消费者、商家和银行）通过网络以电子数据形式进行的货币支付或资金流动。它本身以金融电子化网络为基础，以商用电子化机具和各类交易为媒介，以计算机技术和通信技术为手段，以电子数据形式存储在银行的计算机系统中，利用安全和密码技术实现方便、快捷、安全的计算机网上资金流通和支付。

电子支付是传统支付的发展和创新，与传统的支付方式相比，电子支付具有以下特征。

第一，电子支付是基于一个开放系统的工作环境平台（互联网），而传统支付则是在较为封闭的系统中运作，如某一银行的各个不同地区分行之间。工作环境的开放性有利于更多商家和消费者方便参与和使用。

第二，电子支付采用先进的技术通过数字流转完成信息传输，其各种方式都采用数字化的方式进行款项支付；而传统的支付方式则是通过现金的流转、票据的转让及以后的汇兑等物理实体的流转来完成款项支付。

第三，电子支付使用最先进的通信手段，如互联网、外联网；而传统支付使用的则是传统的通信媒介。电子支付对软、硬件设施的要求很高，一般要求有联网的微机、相关的软件及其他一些配套设施，而传统支付则没有这么高的要求。

第四，电子支付可以真正实现任何时间的服务。电子支付通过互联网的全天候连接，使得消费者能够在任何时间进行支付操作。不论是在凌晨三点还是晚上十一点，消费者都可以通过手机、平板或电脑进行支付，享受到方便快捷的服务。

第五，电子支付具有方便、快捷、高效、经济的优势。电子支付只需现有的技术设施（互联网）和计算机系统就可以实现，而且只需要少数系统维护人员。电子支付的交易效率较高，从而加快了资金周转速度，降低了企业的资金成本。用户只要拥有一台可上网的终端，便可足不出户，在很短的时间内完成整个支付过程。

（三）网络支付系统

广义网络支付是发生在购买者和销售者之间的金融交换，而这种交换的内容通常是银行所支持的某种数字金融工具，比如，信用卡、电子支票或电子现金等。狭义网络支付是指消费者借助各类电子货币，通过互联网实现交易的支付结算。通常人们所讨论的网络支付都是广义的网络支付，都需要借助于金融电子化系统来进行。现在我国各大商业银行的网络银行，如果要利用网络银行来进行支付，也需要通过商业银行本身的内部网络以及结算、清算网络系统来完成。由于接入端为互联网，因此，借助于网络银行来进行的网络支付实际上要通过金融专用网和互联网来共同完成。

由于银行通过传统的支付清算网络完成支付授权和支付获取，网络支付所引起的账户之间的结算和银行之间的清算也是通过已有的支付清算网络来完成的，因此，现行支付系统是实现网络支付的基础。

网络支付系统是利用计算机网络和互联网实现电子支付的系统。电子支付系统是实现网络支付的技术基础，网络支付系统是电子支付系统发展的更高形式。电子商务的发展使得银行的结算、清算和支付业务开始迈向一个新的发展过程。

电子支付系统并没有改变银行支付结算的基本结构和过程。电子支付、企业银行等都是建立在封闭的专用网中，不论企业、个人支付行为是否发生，银行结算都是发生在商品交易完成之后，而网络支付则是与网上交易紧密结合、互为条件的。网上交易不确定，网络支付不会发生，而网络支付不进行，网上交易也不能最终完成。

网络支付系统是以电子支付系统为条件的。以电子购物中普遍应用的银行卡结算为例，持卡人在网上确定购物意向后，支付指令是由商场经过支付网关、银行卡信息交换网络送往发卡行处理中心授权、扣账，然后将信息返回商户，完成交易过程。银行卡授权、扣账信息的最终资金清算又需要通过银行电子汇兑、电子联行或同城清算系统来完成。

网络支付系统是交互的。原本只有企业才能直通银行的电子支付方式，现已由互联网为个人、家庭开辟了连接银行的渠道，并且使个人和企业不再受限于银行的地理环境、上班时间，突破了空间距离和物体媒介的限制，足不出户即可完成支付结算。

网络支付系统分为在线支付系统和非在线支付系统。在线支付系统，可以是直接传递信用卡、银行账号信息，或间接（通过第三方）传递付款信息，或把信用卡、银行存款转化为电子货币，用电子货币直接付款；非在线支付系统，如利用电话、电传、信件等手段传递信用卡信息或银行账户信息，虽然很不方便但是比较安全。

（四）电子货币

电子货币是计算机介入货币流通领域后产生的，是当代较新的货币形式，已经成为电子商务实施的核心，是电子支付活动的主要媒介。电子货币作为现代金融业务与现代科学技术相结合的产物，与传统货币相比具有以下特征。

第一，存在的形态不同。电子货币不再以实物如贵金属、纸币等可视、可触的传统货币形式出现，而是以电子数据形式储存，故又得名电子现金、虚拟货币。传统货币以实物的形式存在，大量的货币必然要占据较大的空间，且形式比较单一。而电子货币则是一种电子符号，所占空间很小，体积几乎可以忽略不计，一张智能卡或一台计算机可以存储无限数额的电子货币。其存在形式随处理的媒体不同而不断变化。例如，在网络中传播时是电磁波或光波，在磁介质中（磁盘、磁带、磁卡等）存储时是磁化元极性方向，在CPU中处理时是电脉冲等。

第二，电子货币具有依附性。从技术上看，电子货币的发行、流通、回收等都采用现代的电子化手段，依附于相关设备的正常运行。另外，新技术和新设备可产生电子货币新的业务形式。

第三，电子货币的安全性。电子货币不是靠普通的防伪标识，而是利用现代信息技术。如采用了用户密码、信息加解密系统、防火墙等安全防范措施。

第四，传递渠道不同。传统货币传递花费的时间长，较大数额传统货币的传递甚至需要组织人员押运。而电子货币是用电子脉冲代替纸张传输和显示资金的，通过计算机处理和存储，可以在很短时间内进行远距离传递，借助互联网在瞬间可以转到世界各地，且风险较小。

第五，计算的方式不同。传统货币的清点、计算通常需要通过人工利用各种计算工具进行，需要花费较多的时间和人力，直接影响交易的速度。而电子货币的计算在较短时间内就可利用计算机完成，大大提高了交易速度。

第六，匿名程度不同。传统货币的匿名性相对来说还比较强，这也是传统货币可以无限制流通的原因。但传统货币都有印钞号码；同时，传统货币总离不开面对面的交易，这在很大程度上限制了传统货币的匿名性。电子货币的匿名性要比传统货币强，主要原因是加密技术的采用以及电子货币便利的远距离传输。

电子货币若能被消费者和商家在电子支付过程中所接受，确认其具有合法地位，还需要解决四个关键的技术问题：①安全性，对于在线交易、资金转移和电子货币发行都需要绝对安全；②真实性，买卖双方能够确认他们收到的电子货币是真实的；③匿名性，要确保消费者、商家及二者之间的交易都是不记名的，从而保护消费者的隐私权；④可分性，在电子支付过程中能够处理以"分"或更小的货币单位出现的大量低价格的交易。

电子货币当事人一般包括电子货币发行者、电子货币使用者以及中介机构。电子货币的使用者可以是一个，也可以是多个，中介机构一般为银行等金融机构。

二、电子支付的分类及其特点

电子支付分类方法有很多种，消费者当前可根据不同支付场景自主选择不同的付款方式。

（一）按照货款交付先后顺序分类

1. 预付型电子支付

预付型电子支付也就是预支付型支付，顾名思义是指先付款，然后才得到产品或服务，即"先交钱，后交货"。如，快餐店消费模式，为了得到食物，消费者需要先点餐并支付费用才能拿到所点的食物。快餐店通过这种预支付行为的设定最大化地杜绝了吃完不付账的行为的发生，从而保障了卖方利益。

在电子商务中，很多基于电子现金的支付方式都属于这种方式。显然，一家在线商店，如，B2C 的电子商务模式，会很喜欢预支付方式，通过瞬间完成的在线银行转账操作，资金能够以最快的速度进入卖方的口袋。这样他们无须去辨别客户的购买行为是否隐含欺诈，同时也加速了资金的回笼。正因为如此，几乎所有的在线商店都提供并极力推荐预支付方式。

2. 后付型电子支付

后付型电子支付是一种电子支付方式，其中用户在完成交易之后才付款。与预付型电子支付不同，后付型电子支付允许用户在购买商品或服务后延迟付款，通常以一定的结算周期来支付。

后付型电子支付在现代商业中越来越受欢迎，特别是在在线购物和电子商务领域。它为消费者提供了便利和灵活性，因为他们可以先获得所需的商品或服务，然后在一定时间内支付款项。这种方式消除了传统支付方式中必须立即支付或使用信用卡的需求，增加了消费者的购买能力和选择余地。

3. 即付型电子支付

即付型电子支付也就是即时支付型电子支付，它是以"交易时支付"概念为基础的，是人们常说的理想模式——"一手交钱，一手交货"的尝试。即时支付是实现"在线支付"的最初模型，虽然这种真正意义上的"即时"要做到并非易事，但是绝大多数非实物的在线交易可以实现真正的即时支付。

例如，借助网络银行在线对储值型手机进行充值的行为便是即时支付的一个典型应用。如，中国移动用户可以在线登录诸如招商银行之类的网络银行，通过实时资金划拨实现充值。现在很多基于银行储蓄卡的网络支付，都属于这种即付型网络支付，客户的资金实时地通过网络划拨到商家的账户上。

（二）按照结算方式分类

按结算方式分类，电子支付可以分为全额和净额。全额结算是指在资金转账前并不进行账户金额的对冲，而以实际的支付金额进行转账的结算方式。净额结算是指在进行双方或多方的资金转账前，先对各方账户上的余额进行相互冲减，之后才转移剩余资金金额的结算方式。净额结算又可分为双边净额结算和多边净额结算两种。

在净额结算的情况下，银行把与每笔支付有关的信息传送到清算所，参加清算所的所有银行，在发生支付义务的时候，并不立即通过银行间资金转账结算每一笔支付，而是在约定的时期（称作清算周期）内让债权和债务累积起来，然后在清算周期末的指定结算时间对其往来支付进行相互抵消。这样，银行只需把支付净额转给清算所。

结算通常于每日终了在结算银行（一般是中央银行）的账簿上进行，但也可以在算出零头后的一个或几个营业日后进行，净额结算也可以通过在商业银行开设的往来账户进行。

（三）按照结算时效分类

按照结算时效分类，可以将电子支付分为实时和非实时两种方式。

所谓结算时效是指以某一支付工具发出指令后，资金从某人转给某人或从某账户转到其他账户所用的时间长短。所用的时间越长，时效性越差；时间越短，时效性越好。

支付系统按时效性可分为实时性和非实时性两种。实时性支付系统的实效性是最理想的，当一方发出支付指令时，结算也同时完成（实时）。在非实时支付系统中，从系统收到支付指令到完成结算之间有一定的时间间隔，此间隔长短随支付系统的不同而不同。

实效性的好坏与结算方式有密切的关系。全额结算方式有可能使实效性达到理想状态。这是因为在全额结算中，支付系统将对每一笔支付指令进行资金的转移，资金转移的速度与计算机系统的处理速度直接相关。当今计算机的性能早已使这种资金转移可瞬间完成。

但是对于净额结算来说，时间间隔（收到支付指令与进行实际资金转账间隔）无法避免，这由净额结算的方式所决定。要进行净额结算，必须设定结算周期，在结算周期结束时，再对账户进行轧差。因为结算周期的存在，实效性显然与结算周期的长短直接相关。

（四）按照开展电子商务的实体性质分类

电子商务的主流分类方式就是按照开展电子商务的实体性质分类的，即分为 B2B、

B2C、B2E、E2E、B2G、G2G 等类型的电子商务。目前，客户在进行电子商务交易时通常会按照开展的电子商务类型不同，选择使用不同的电子支付与结算方式。如企业在进行传统商务时，对一般小金额的消费直接用信用卡或现金进行支付，以图方便；购买像计算机、数码摄像机、汽车等贵重设备时，由于涉及较大金额付款，常用支票结算，而大批量订货时就用银行电子汇票。

考虑到这些不同类型的电子商务实体的实力、商务的资金流通量大小、一般支付结算习惯等因素，可以按开展电子商务的实体性质把当前的电子支付方式分为 B2C 型和 B2B 型两类，这也是目前较为主流的电子支付结算分类方式。也就是说，个体消费者有自己习惯的支付方式，而企业与政府单位也有适合的电子支付方式。

B2C 型电子支付方式是企业与个人、政府部门与个人、个人与个人进行网络交易时采用的电子支付方式，比如电子货币中介绍的信用卡网络支付、IC 卡网络支付、电子现金支付、电子钱包支付以及个人网络银行支付等。这些方式的特点就是适用于不是很大金额的网络交易支付结算，应用起来较为方便灵活，实施较为简单，风险也不大。

B2B 型电子支付方式是企业与企业、企业与政府部门进行网络交易时采用的电子支付方式，电子货币中介绍的电子支票电子支付、电子汇兑系统以及企业网络银行服务等都应用于该种电子支付方式。这种支付方式的特点就是适用于较大金额的网络交易支付结算。

（五）按照支付数据流的内容性质分类

根据电子商务流程中用于电子支付结算的支付数据流内容性质不同，即传递的是指令还是具有一般等价物性质的电子货币本身，可将电子支付方式分为以下两类。

1. 指令传递型电子支付方式

支付指令是指启动支付与结算的口头或书面命令，电子支付的支付指令是指启动支付与结算的电子化命令，即一串指令数据流。支付指令的用户从不真正地拥有货币，而是由其指示银行等金融中介机构替其转拨货币，完成转账业务。指令传递型网络支付系统是现有电子支付基础设施和手段的改进和加强。

指令传递型电子支付方式主要有银行网络转拨指令方式（电子支票、网络银行、金融电子数据交换 FEDI 等）、信用卡支付方式等。FEDI 是一种以标准化的格式在银行与银行计算机之间、银行与银行的企业客户计算机之间交换金融信息的方式。因此，FEDI 可以较好地应用在 B2B 电子商务交易的支付结算中。

2. 电子现金传递型电子支付方式

电子现金传递型电子支付是指客户进行电子支付时在网络平台上传递的、具有等价物性质的电子货币本身，即电子现金的支付结算机制。其主要原理是，用户可从银行账户中提取一定数量的电子现金，且把电子资金保存在一张卡（如智能卡）中或者用户计算机中的某部分（如一台 PC 或个人数字助理 PDA 的电子钱包）中。这时，用户拥有真正的电子货币，能在互联网上直接把这些电子现金按相应支付数额转拨给另一方，如消费者、银行或供应商。

传递型电子支付方式可分为两类：一类是依靠智能卡或电子钱包提供安全和其他特征的系统，以及严格基于软件的电子现金系统；另一类是对款额特别小的电子商务交易（如用户浏览一个收费网页），需要一种特殊的成本很低的电子支付策略，这就是所谓的微支付方式。

（六）按照电子支付金额的规模分类

电子商务由于基于互联网平台进行，运作成本较低，对大中小型企业、政府机构以及个体消费者均比较适用。不同规模的企业及个体消费者的消费能力、网络上商品与服务的价格也是不同的，大到有几十万元的汽车，小到几角钱的一条短消息服务，因此同一个商务实体针对这些不同规模的资金支付，也可采用不同的支付结算方式。根据电子商务中进行网络支付金额的规模大小来划分，可以将电子支付方式分为以下三类方式。

1. 微支付

微支付是指通过移动终端、互联网等电子渠道进行小额支付的一种支付方式。微支付通常使用手机应用或其他电子设备上的支付功能，以便用户可以方便地进行电子支付交易。微支付最初在中国流行起来，其中最著名的例子是微信支付和支付宝。

微支付的优点包括方便、快捷和安全。用户只需通过手机应用或网站就可以完成支付，无须携带现金或信用卡。此外，微支付通常支持多种支付方式，如扫描二维码、输入密码或使用指纹识别等，提供了更多的支付选择和便利性。

2. 消费者级电子支付

消费者级电子支付指满足个体消费者和商业（包括企业）或政府部门在经济交往中的一般性支付需要的电子支付服务系统，也称小额零售支付系统。这种电子支付方式，由于金额不大不小，一般性网络支付业务在日常事务是最多的，所以，这类系统必须具有极大的处理能力，才能支持经济社会中发生的大量支付交易。因此，支持这种档次消费的电子支付工具也发展得最成熟与最普及，常用的有信用卡、电子现金、小额电子支票、个人网络银行账号等。

3. 商业级电子支付

商业级电子支付指满足一般商业（包括企业）部门之间的电子商务业务支付需要的网络支付服务系统，也称中大额资金转账系统。

一般来说，银行与银行间、银行与企业间、企业与企业间、证券公司与银行间等发生的支付金额较大，安全可靠性要求高，这些支付属于中大额支付系统处理的业务。常见的商业级电子支付方式主要有金融 EDI（FEDI）、电子汇兑系统、电子支票、CNAPS、企业网络银行服务等。

三、电子支付的发展趋势

"随着网络信息技术的广泛应用以及电子商务的兴起，网上购物、电子支付等已经变成了人类日常生活中不可或缺的一部分，用一部手机，就可以购遍全球，电子支付给人类带来了一个全新的生活方式。"①

（一）第三方支付的发展趋势

第三方支付机构在电子支付领域起到了重要的推动作用。未来，第三方支付的发展趋势主要表现在以下方面。

第一，跨境支付的拓展。随着全球经济一体化的加深，跨境电子支付将变得更为重要。第三方支付机构将不断提升自身技术和风控能力，以满足不同国家和地区的支付需求，实现更便捷、安全的跨境支付。

第二，个性化支付服务。第三方支付机构将更加关注用户需求，提供更多个性化的支付服务。例如，基于大数据和人工智能技术，支付机构可以分析用户的消费习惯和偏好，为用户提供定制化的支付推荐和优惠活动，提高用户体验和忠诚度。

第三，与其他行业的融合。第三方支付机构将积极探索与其他行业的融合，拓展支付场景。例如，与电商、出行、餐饮等行业进行合作，实现一站式的支付服务，为用户提供更便捷的消费体验。

（二）移动支付的发展趋势

移动支付是指通过移动设备（如智能手机、平板电脑等）进行的电子支付。移动支付

---

① 张敏，闫育芸，姚雨秋. 浅析电子支付的安全问题及防护措施［J］. 网络安全技术与应用，2022，（12）：123.

的发展趋势主要包括以下方面：

第一，NFC 技术的普及。近年来，近场通信（NFC）技术在移动支付领域得到广泛应用。未来，NFC 技术将进一步普及，支持更多的移动支付应用。用户只需将手机靠近 POS 机或其他支持 NFC 支付的设备，即可完成支付，更加便捷和高效。

第二，生物识别技术的应用。随着生物识别技术的成熟，如指纹识别、人脸识别等，移动支付将更加安全和便捷。用户可以通过生物识别完成支付验证，无须输入密码或使用其他身份验证方式，提高支付的安全性和用户体验。

第三，社交化支付的发展。社交化支付是指在社交媒体平台上进行支付的方式。未来，移动支付将更加与社交媒体相结合，用户可以在社交平台上直接进行支付，例如通过扫描二维码、分享支付链接等方式完成支付。这种方式不仅提供了更便捷的支付体验，还能促进社交互动和消费分享。

（三）支付媒介的发展趋势

基于智能硬件的广泛普及，以生物识别技术带来的效率提升，结合大数据和人工智能技术的加速发展，支付媒介在互联网金融行业的应用正在进入新一轮发展。支付媒介是指用于进行支付的具体工具或渠道，其发展趋势主要体现在以下方面。

第一，无现金支付的普及。随着电子支付的普及和用户对无现金支付的接受度提高，纸币和硬币的使用将逐渐减少。未来，支付媒介将更加多样化，包括银行卡、移动支付、电子钱包等，使得无现金支付成为主流。

第二，加密货币的兴起。加密货币，如比特币、以太坊等，作为一种新兴的支付媒介，其发展前景备受关注。加密货币的去中心化特性和安全性吸引了越来越多的用户和机构参与，未来可能成为一种重要的支付媒介。

第三，物联网支付的发展。随着物联网技术的不断发展，物联网支付将成为一种新的支付方式。通过物联网设备之间的互联互通，用户可以实现智能家居、智能交通等场景下的自动化支付，提供更便捷的支付体验。

总之，电子支付的发展趋势将更加注重个性化服务、跨境支付和融合创新。移动支付将与 NFC 技术、生物识别技术和社交媒体相结合，提供更安全、便捷的支付方式。支付媒介将逐渐实现无现金化，并涌现出加密货币和物联网支付等新兴支付形式。这些趋势的发展将进一步推动电子支付的普及和创新。

第二节　第三方支付及其运营模式

一、第三方支付的特点

电子商务的发展，使得人们可以不见面就完成交易的整个过程，大幅度地节约了交易成本，提高了交易效率。作为中间环节的网上支付，是电子商务交易双方最为关心的问题。显然，如果一种支付方式能够解决网上支付的信用和安全问题，那么，这种方式的市场潜力就是无限的。

"近年来，随着移动技术和互联网行业的快速发展，以支付宝为代表的第三方支付机构以支付业务模式多元化、智能化、线下和线上交互融合发展优势，逐渐成为我国主要的支付方式之一，也因此带动了整个支付行业的发展速度与规模。"① 第三方支付平台正是在商家与消费者之间建立了一个公共的、可以信任的中介，一方面连接银行，处理资金结算、客户服务、差错处理等一系列工作；另一方面又连接着非常多的商户和消费者，使客户的支付交易能顺利接入。它满足了电子商务中商家和消费者对信誉和安全的要求，成为目前我国电子商务发展的推动力。第三方支付的优点有以下四点。

第一，第三方支付平台采用了与众多银行合作的方式，从而大大地方便了网上交易的进行，对于商家来说，不用安装各个银行的认证软件，从一定程度上简化了费用和操作。

第二，第三方支付平台作为中介方，可以促成商家和银行的合作。对于商家第三方支付平台可以降低企业运营成本；对于银行，可以直接利用第三方的服务系统提供服务，帮助银行节省网关开发成本。

第三，第三方支付平台能够提供增值服务，帮助商家网站解决实时交易查询和交易系统分析，提供方便及时的退款和止付服务。

第四，第三方支付平台可以对交易双方的交易进行详细的记录，从而防止交易双方对交易行为可能的抵赖以及为在后续交易中可能出现的纠纷问题提供相应的证据。

总之，第三方支付平台是当前所有可能的突破支付安全和交易信用双重问题中较理想的解决方案。

二、第三方支付的优势

第三方支付主要适用于 C2C、B2C 的部分领域。在实际应用中，B2B 交易还是以银行

---

① 刘丹丹. 第三方支付业务领域个人金融信息保护探析 ［J］. 福建金融, 2022, （11）: 61.

支付结算和商业信用为主；在 B2C 市场，将会以银行和第三方支付共存，商业信用高的、金额较大的以银行结算为主，商业信用低的或金额较小的以第三方支付为主。在 C2C 市场，因为没有可靠的诚信体系，银行结算几乎无能为力，应该以第三方支付为主。

目前的网上商城都会选用第三方支付平台作为自己的支付方式之一，有的商城采用自家公司研发的第三方支付平台。

（一）减少社会交易成本

第一，银行大大减少服务成本，加快处理速度和效率，企业减少时间和人力的成本。

第二，第三方支付服务商提供统一的应用接口，打破了银行间的壁垒，实现了企业和银行的互连，减少了开发和维护费用。

第三，第三方支付减少了交易取消、交易迟延、支付失败和信用诈骗带来的风险，提高了企业交易成功率。

（二）提升企业竞争力

第一，第三方支付提高了交易效率和利润水平，促使了更多创新服务的涌现。

第二，第三方支付拓宽了企业的业务覆盖范围，同时让顾客在支付款项的时候有了更多的选择。

第三，消费者因为信任知名的第三方支付服务商，从而消除了与小规模企业进行交易的顾虑。

第四，商家某些业务实现外包，压缩了人员规模，降低了运营成本，大大提高了交易效率和效益。

（三）促进多种产业的发展

第一，第三方支付帮助银行推广电子银行业务，促进了 B2C 和 C2C 业务，使其获得了更多的潜在储户。

第二，银行和企业能够根据专业分工，得以专注于他们的产品服务设计和市场推广。

第三，第三方支付服务商能够以中立的身份介入交易，保护交易各方的合法权益。出于身份制约和责任规避的考虑，第三方支付都尽量避免卷入具体的交易中，同时也因此造就了第三方支付的超然地位。

第四，商家能够获得更多的增值服务，如，定制实时交易查询和数据报表功能、退款功能、信用卡风险控制、向分支机构（代理商）清算货款等。

第五，第三方支付使更多人体验到了网上交易的乐趣，电子商务因此逐步普及开来。

概括起来，第三方支付的优势在于：利益中立，商业模式比较开放，能够满足不同企业的商业模式变革，帮助商户创造更多的价值。第三方支付是以银行的服务为基础，与银行合作，向大大小小的企业提供个性化的电子支付服务，为银行发展面向用户的增值服务。第三方支付是电子支付产业链中重要的纽带，一方面连接银行，处理资金结算、客户服务、差错处理等一系列工作；另一方面又连接着非常多的商户和消费者，使客户的交易支付能顺利接入。由于拥有款项收付的便利性、功能的可拓展性、信用中介的信誉保证等优势，第三方网上支付较好地解决了长期困扰电子商务的诚信问题、物流问题、现金流问题，在电子商务中发挥着重要的作用。

三、第三方支付的交易流程

随着电子商务的飞速发展，网上购物、在线交易已经从一个新鲜未知的事物变成了人们日常生活的一部分。第三方支付是典型的应用支付层架构。提供第三方支付服务的商家往往都会在自己的产品中加入一些具有自身特色的内容。但是总体来看，其支付流程都是付款人提出付款授权后，平台将付款人账户中的相应金额转移到收款人账户中，并要求其发货。有的支付平台会有"担保"业务，如支付宝。担保业务是指将付款人要支付的金额暂时存放于支付平台的账户中，等到付款人确认已经得到货物（或者服务），或在某段时间内没有提出拒绝付款的要求，支付平台才将款项转到收款人账户中。

第三方支付的交易流程如下：

第一，买方将实体资金转移到支付平台的支付账户中。

第二，买方购买商品（或服务）。

第三，买方发出支付授权，第三方平台将买方账户中相应的资金转移到自己的账户中保管。

第四，第三方平台告诉收款人已经收到货款，可以发货。

第五，卖方完成发货许诺（或完成服务）。

第六，买方收到物品，确认无误，通知第三方付款。

第七，第三方平台将临时保管的资金划拨到卖方账户中。

第八，卖方可以将账户中的款项通过第三方平台和实际支付层的支付平台兑换成实体货币，也可以用于购买商品。

四、第三方支付的价值链分析

在通过第三方支付平台的交易中，买方选购商品后，使用第三方平台提供的账户进行货款支付，由第三方通知卖家货款到达、进行发货；买方检验物品后，就可以通知付款给卖家，第三方再将款项转至卖家账户。相对于传统的资金划拨交易方式，第三方支付可以比较有效地保障货物质量、交易诚信、退换要求等环节，在整个交易过程中，都可以对交易双方进行约束和监督。在不需要面对面进行交易的电子商务形式中，第三方支付为保证交易成功提供了必要的支持，因此随着电子商务在国内的快速发展，第三方支付行业也发展得比较快。

（一）价值链理论

价值链理论是哈佛大学商学院教授迈克尔·波特提出的。每一个企业都是在设计、生产、销售、发送和辅助其产品的过程中进行种种活动的集合体。所有这些活动可以用一个价值链来表明。企业的价值创造是通过一系列活动构成的，这些活动可分为基本活动和辅助活动两类，基本活动包括内部后勤、生产作业、外部后勤、市场和销售、服务等；而辅助活动则包括采购、技术开发、人力资源管理和企业基础设施等。这些互不相同但又相互关联的生产经营活动，构成了一个创造价值的动态过程，即价值链。价值链在经济活动中是无处不在的，上下游关联的企业与企业之间存在行业价值链，企业内部各业务单元的联系构成了企业的价值链，企业内部各业务单元之间也存在着价值链联结。价值链上的每一项价值活动都会对企业最终能够实现多大的价值造成影响。

"价值链"理论揭示企业与企业的竞争，不只是某个环节的竞争，而是整个价值链的竞争，而整个价值链的综合竞争力决定企业的竞争力。如果把"企业"这个"黑匣子"打开，可以把企业创造价值的过程分解为一系列互不相同但又相互关联的经济活动，或者称之为"增值活动"，其总和即构成企业的"价值链"。任何一个企业都是其产品在设计、生产、销售、交货和售后服务方面所进行的各项活动的聚合体。每一项经营管理活动就是这一价值链条上的一个环节。企业的价值链及其进行单个活动的方式，反映了该企业的历史、战略、实施战略的方式以及活动自身的主要经济状况。

价值链可以分为基本增值活动和辅助性增值活动两大部分。企业的基本增值活动，即一般意义上的"生产经营环节"，如材料供应、成品开发、生产运行、成品储运、市场营销和售后服务。这些活动都与商品实体的加工流转直接相关。企业的辅助性增值活动，包括组织建设、人事管理、技术开发和采购管理。这里的技术和采购都是广义的，既可以包括生产性技术，也包括非生产性的开发管理，例如，决策技术、信息技术、计划技术；采购管理既包括生产原材料，也包括其他资源投入的管理，例如，聘请有关咨询公司为企业进行广告策划、市场预测、法律咨询、信息系统设计和长期战略计划等。

价值链的各环节之间相互关联，相互影响。一个环节经营管理的好坏可以影响到其他环节的成本和效益。虽然价值链的每一环节都与其他环节相关，但是一个环节能在多大程度上影响其他环节的价值活动，则与其在价值链条上的位置有很大的关系。

根据产品实体在价值链各环节的流转程序，企业的价值活动可以被分为"上游环节"和"下游环节"两大类。在企业的基本价值活动中，材料供应、产品开发、生产运行可以被称为"上游环节"；成品储运、市场营销和售后服务可以被称为"下游环节"。上游环节经济活动的中心是产品，与产品的技术特性紧密相关；下游环节的中心是顾客，成败优劣主要取决于顾客特点。不管是生产性还是服务性行业，企业的基本活动都可以用价值链来表示，但是不同的行业价值的具体构成并不完全相同，同一环节在各行业中的重要性也不同。例如，在农产品行业，由于产品本身相对简单，竞争主要表现为价格竞争，一般较少需要广告营销，对售后服务的要求也不是特别强烈，与之相应，价值链的下游环节对企业经营的整体效应的影响相对次要；而在许多工业机械行业以及其他技术性要求较高的行业，售后服务往往是竞争成败的关键。

目前，中国网络支付市场已经形成了由基础支付层、第三方支付服务层和应用层组成的产业价值链雏形。在这条三层结构的产业链中，位于最底层的是由银行、银联等国家金融机构组成的基础支付层。在基础支付层提供统一平台和接口的基础上，一些具有较强银行接口技术的服务商对其进行集成、封装等二次开发，形成了产业链的中间层——第三方支付服务层。在产业链的最顶层是终端消费者（网上商城、消费者）形成的应用层。

第三方支付是产业链中最重要的纽带，一方面连接银行，处理资金结算、客户服务、差错处理等一系列工作；另一方面又连接着非常多的商户和消费者，使客户的支付交易能顺利接入。由于拥有款项收付的便利性、功能的可拓展性、信用中介的信誉保证等优势，第三方网上支付较好地解决了长期困扰电子商务的诚信、物流、现金流问题，在电子商务中发挥着重要的作用。网上支付是一个漫长的产业链，包括了发卡机构（商业银行）、银联交换中心、互联网支付服务提供商、第三方支付平台、网上商城、消费者等多个环节，环环相扣，每一个环节都有各自的利益与应得的收入。

（二）第三方支付企业的价值活动

从面向用户的服务上看，支付手段不足以区分支付服务的类型。事实上，支付服务商的差别与其在产业链中的位置有很大关系。支付手段在技术选择上的壁垒并不高，而不同产业链环节所积聚的用户与市场优势，以及由之带来的服务成本差别，则是本质的。第三方支付是通过与银行的商业合作，以银行的支付结算功能为基础，向政府、企业、事业单位提供中立的、公正的面向其用户的个性化支付结算与增值服务。突出表现在以下方面：

第一，提供成本优势。支付平台降低了政府、企业、事业单位直连银行的成本，满足了企业专注发展在线业务的收付要求。中国有大大小小企业中，能与银行直连的企业平台与商务平台少之又少，大量的企业走上电子商务后，还需要选择第三方支付的服务。

第二，提供竞争优势。利益中立避免了与被服务企业在业务上的竞争，企业在第三方支付平台上，不会出现其业务与其他类型支付平台的业务直接、间接竞争，也避免了用户、推广、网上渠道直接、间接被其他支付平台操纵的情况。

第三，提供创新优势。第三方支付平台的个性化服务，使得其可以根据被服务企业的市场竞争与业务发展所创新的商业模式，同步定制个性化的支付结算服务。而其他类型的支付服务，其平台在产业链的特征，某种程度上限制了企业用户在商业模式上的创新。因为其大量的企业用户的业务，实质上是在一种总的商业模式下变换而竞争的，这对企业长期发展是有风险的，因为商业模式的创新会受到局限，商业信息的保护可能不够。

五、第三方支付的运营模式

第三方支付平台是通过与国内外各大银行签约，由一定实力和信誉保障的第三方机构投资建立的交易支持平台。第三支付以第三方平台作为中介，在网上交易的商家和消费者之间作为一个信用的中转，通过改造支付流程来约束双方的行为，从而在一定程度上缓解彼此对双方信用的猜疑，增加对网上购物的可信度。

除了信用中介，第三方支付平台还承担安全保障和技术支持的作用，与银行的交易接口直接对接，支持多家银行的多卡种支付，采用国际先进位加密模式，在银行、消费者和商家之间传输和存储资料。同时，还根据不同用户的需要对界面、功能等进行调整，增加个性化和人性化的特征。

总结目前市场上的第三方支付公司的运营模式，可以将它们分为两种类型：一类是独立的第三方支付模式，典型代表是首信易支付；另一类是具备担保功能的非独立第三方支付模式，如支付宝。

（一）独立的第三方支付模式

独立的第三方支付模式是指第三方支付运营商独立于电子支付产业链上的其他部分，

由第三方支付运营商为签约用户提供以订单支付为目的的增值服务运营平台。该类运营商仅提供支付产品和支付系统解决方案的运营平台，其前端为网上商户和消费者提供多种支付方法，并相应地在后端联系着与各种支付方法相对应的银行的电子接口。第三方支付运营商就负责与各银行之间账务的清算，并为签约用户提供订单管理和账户查询等增值服务。

独立的第三方支付模式实质上充当了支付网关的角色，因而该种模式也称为网关支付模式。该类支付平台没有自己的电子商务交易网站。从整个过程来看，可以把支付网关模式看作一个把多银行和签约商家连起来的通道，消费者通过第三方支付平台付款给商家。通过第三方支付为商家提供一个可以兼容多银行支付方式的接口平台。该类型的支付运营平台具有独立网关，灵活性大，主要面向 B2B、B2C 和 C2C 市场，为中小型商户或者有结算需求的政企单位提供支付解决方案。在这一模式中消费者并不是第三方运营商的用户，其用户是通过第三方运营商联系在一起的银行和商家。其收益主要来自银行收益的分成，和根据客户的不同提供不同的产品服务，根据不同的产品服务收取不同组合的年费和交易手续费。该模式没有完善的信用评价体系，抵御信用风险能力有待加强；同时增值服务初步开发，容易被同行复制，受到银行的冲击最大。

总之，成熟的运营管理经验和网络平台技术是此类第三方支付平台发展制胜的关键。国内庞大虚拟支付市场吸引着众多家公司进入，发展相对成熟。但是，增值业务相对较少，进入门槛比较低，技术含量不是特别大，很容易被银行等机构复制等是其发展的局限。

（二）非独立的第三方支付模式

非独立的第三方支付模式，也称为信用中介型模式。该种运营模式，基本是由大型的电子交易平台独立开发或与其他投资人共同开发，凭借运营商的实力和信誉与各大银行合作，同时能够为买卖双方提供中间担保的第三方支付运营模式。这种模式的运营商主要是借助电子交易平台和中间担保支付平台与用户开展业务，在交易过程中采用充当信用中介的模式，保证交易的正常进行。

在网上交易中，当交易双方达成交易意向后，买方须先将支付款存入其在支付平台上的账户内，待买家收货通知支付平台后，由支付平台将买方先前存入的款项从买家的账户中划至卖家在支付平台上的账户。这种模式的实质便是以支付公司作为信用中介，在买家确认收到商品前，代替买卖双方暂时保管货款。在一定程度上讲，信用支付模式是线上交易"信用缺位"条件下的必然产物。客户在商家网站下订单后，先把货款付给大家都信任的第三方中介机构，在商家知道货款已到第三方中介机构后把货物发送给客户。如果客户对货物满意，货款就通过第三方中介机构付给商家；如果不满意，客户把货物返回给商家，并从第三方中介机构处取回货款。此模式要求客户和商家首先在第三方中介机构注册账户。

以非独立的第三方支付模式支付宝为例，其具体运行流程是，首先买方在网上选中自己所需商品后就与卖方取得联系并达成成交协议，这时买方需把货款汇到支付宝这个第三方账户上，支付宝作为中介立刻通知卖方钱已收到可以发货，待买方收到商品并确认无误后支付宝才会把货款汇到卖方的账户，整个交易就完成了。支付宝作为代收代付的中介，主要是为了维护网络交易的安全性。

非独立类型的支付运营商拥有完整的电子交易平台，大容量的网络客户资源，主要面向 B2C、C2C 市场，向个人或者中小型商户提供支付服务。承担中介担保职能，并能根据平台交易记录建立平台可见的交易双方的信用评价体系，具有相对较高的信任度。该模式基本是以资金沉淀利息和交易服务费等为运营收益，用户主要集中于自身的电子商务平台，平台间竞争激烈认证程序比其他模式复杂些，交易纠纷取证比较困难，中介账户的资金滞留，还有账户管理服务，有悖企业的经营性质。这类第三方支付工具在国内颇具代表性，相比较于独立的第三方支付方式，该方式的市场份额占据了网上支付的绝对主流。

第三节　第三方支付平台与消费者间的法律关系

第三方支付消费者，是指为个人生活需要与第三方支付平台签订服务协议，在第三方支付平台开立账户，使用第三方支付平台所提供的中介服务进行货币资金转移的自然人。

一、委托代理说

要研究第三方支付平台中消费者权益保护问题，首先则要明确第三方支付平台与消费者之间的法律关系。第三方支付平台的消费者主要包括在网上交易或结算中的付款人与收款人，他们在进行交易之前均与第三方网上支付平台签订了相应的支付服务协议。

对于第三方网上支付平台和收款人以及付款人存在怎样的法律关系，学界目前存在不同观点，其中主流观点是委托代理说。这种说法认为第三方支付平台自身不提供存贷款业务也不具备结算功能，只是提供了一个交易资金代管、货币支付和结算服务的接入平台，由银行授予第三方支付平台从事资金清算业务，实现不同用户的开户行之间的资金划拨。

在提供资金划拨服务的过程中，第三方支付平台既代理买方向卖方转移资金，同时又代理卖方接收来自买方的资金，买方和卖方通过该平台完成付款和收款行为，因此，第三方支付平台与付款人及收款人之间的关系符合委托代理的构成要件，构成委托代理关系。

实践中，多数第三方支付平台在协议中明确自己代理人的身份，表明自己是代理消费者进行与收、付款有关的行为。

二、第三人代为履行说

第三人代为履行是第三人作为债务履行之辅助人代替债务人向债权人履行义务，第三人不履行债务或者履行债务不符合约定，债务人应当向债权人承担相应的违约责任。此观点认为第三方支付平台即为第三人代为履行行为中的"第三人"，基于债权人（收款人）和债务人（付款人）之间的合同约定由其代为履行债务人的支付义务。

例如，在支付交易的过程中，第三方支付平台从传递付款人支付指令到通知银行将资金转移至收款人开户行账户，始终都是一种履行辅助人身份，符合第三人代为履行的表征。此种观点存在不足之处，由于在第三人代为履行行为中，第三人并非是当事人订立合同的当事人，因此第三人可以根据自身情况选择履行或拒绝履行约定义务，但当第三人没有履行相应义务或履行义务不当时，债务人要承担合同约定的履行义务或相应的违约责任，这种责任承担方式实际上不符合第三方支付平台实际承担的法律责任。

在实践中，第三方支付平台与收款人及付款人双方分别签订了支付服务协议，因此第三方支付平台必须为自己未履行或成功履行支付服务的行为负相应的责任，我国规定第三方支付平台在未履行支付义务或支付差错情形下应负的法律责任，这与第三方代为履行的法律特征相违背，因此该观点的正确性还有待商榷。

三、债权转让说

债权转让，是指在不改变合同内容的基础上，债权人通过债权转让协议将合同的权利全部或部分转移于第三人的行为。在理论界有人提出第三方支付平台与消费者之间是一种债权转让关系，即买方在收到货物并确认无误后便将货款由自己的账户划转至第三方支付平台账户，之后其就对第三方支付平台享有一笔债权，而买方又基于买卖合同对卖方负有相同数额的金钱债务，因此买方就将其对第三方支付平台享有的债权转让给了卖方，从而抵消其原本对卖方所负担的金钱债务。此观点认为第三方支付的实质就是买家通过第三方支付平台的划拨系统将其对卖家的金钱债务快速转变为第三方支付平台对卖家的金钱债务。

从支付交易流程来分析，若收款人对第三方支付平台享有从付款人处转移来的债权，那么说明第三方支付平台最开始从付款人那里划拨货款的所有权就归其所有，这一点明显与第三方支付平台所充当的中介角色不符。

四、第三方支付平台与消费者权益法律关系的认定

关于第三方支付平台与消费者之间的法律关系，各观点都各有自己的理论基础和分析角度，人们通常认为，二者之间的法律关系应根据第三方支付平台在支付过程所提供的不同服务进行确定，而不是单纯的一种法律关系，具体应当包括委托代理关系、资金保管关系、信用担保关系三类。

（一）第三方支付平台提供的资金结算服务角度

从第三方支付平台提供的资金结算服务来分析，第三方支付平台通过自己经营的网上支付平台，在收款人、付款人与银行之间建立相关联系，提供资金代管、货币支付和资金结算等中介服务。第三方支付平台在资金结算的过程之中，分别充当付款人与收款人的代理人角色。付款人在使用第三方支付平台进行支付时，需要与第三方支付平台签订支付服务协议，否则便不能够注册使用，收款人同样也要与平台签订此协议。

协议签订之后，他们在网络第三方支付平台上的权利义务就需要受到协议的规制。在支付过程中，付款人首先将自己的资金存入第三方支付平台，在交易完成之后，第三方支付平台在收到消费者的支付指令后即将货款支付给收款人。此种交易形式完全符合委托合同的构成要件：付款人、收款人与第三方支付平台签订的支付服务协议即委托代理合同，付款人、收款人是委托人，第三方支付平台是受托人，第三方支付平台按照委托人的指令处理事务，不得超越委托人所授予的代理权限行事，因此，可以认定二者之间构成委托代理的关系。

（二）第三方支付平台提供的信用中介服务角度

从第三方支付平台提供的信用中介服务上来看，一方面，第三方支付平台以自身的信誉保证交易双方按照约定履行债务，通过第三方支付平台暂时保管待付款项，若卖方出现延期发货或者货不对板情况时，买方可以向第三方支付平台申请停止支付，并在平台查证

属实后获得退款，这样的支付流程使得买方能够安心地与素未谋面的网络卖家进行交易，解决了电子商务中的信用风险问题；另一方面，第三方支付平台还以自身信用向经营者作出担保，即买方在收到货物后规定期限内未确认收货付款，支付平台则会自行将账户内的货款划拨至卖方的开户行账户，防止买方恶意不履行付款义务，损害经营者利益。

由此可看出，第三方支付平台在其服务过程中是通过对资金的临时掌控权来实现其担保作用的，这种服务是整个第三方支付风险控制功能的重要部分，使得消费者与第三方支付平台形成了一种信用担保关系。根据相关规定，当事人可以事先约定保证责任范围，并且以约定优先。第三方支付平台这种对货款的临时掌控权，可以认为是在服务协议中事先约定了具体的保证责任的范围和方式。

（三）第三方支付平台提供的资金代管服务角度

从第三方支付平台提供的资金代管服务来看，根据第三方支付的流程，买方在网上购物后确定付款，此时买方银行账户上转移到第三方支付平台账户中等待付款的在途资金是由第三方支付平台代为保管，而交易前后买方暂存在支付平台虚拟账户中的未使用资金同样由其代为保管。同理，卖方需要等待买方收到货物后向支付平台发出支付指令后才能收到款项，此在途资金在支付平台中的停留使得买卖双方都无法占有该资金，此沉淀资金暂时由第三方支付平台进行保管，因此，从这种资金代管服务来分析，买卖双方均与第三方支付平台形成了资金保管关系。

根据《合同法》的规定，保管合同为实践合同，因此除当事人另有约定外，当消费者将待付款项转入第三方支付平台的虚拟账户中时，消费者与第三方支付平台之间就形成了保管合同关系，双方的权利义务受保管合同相关法律法规的约束和调整。

综上所述，基于第三方支付平台提供的服务方式不同，消费者与其形成了多种法律关系，具体包括结算服务中的委托代理关系、信用中介服务中的信用担保关系及资金代管服务中的资金保管关系。

第四节　第三方支付平台中消费者权益
保护法律制度的完善

一、确立完善基本法律原则

第三方支付的消费者在交易中具有显著的弱势特征，因此消费者权益保护的重要性毋庸赘言，并且第三方支付中消费者保护的水平不应低于传统消费者保护的水平。法律对消费者进行保护的目标是对市场机制进行矫正，使市场中的经营者良性竞争，并不断提升专业技术、创新经营模式。因此应避免过度规制对市场的抑制作用，为创新预留空间。第三方支付消费者保护是国家对第三方支付产业的规制，目的是促进第三方支付的发展，所以消费者保护应当尊重第三方支付行业的特点，突出其效率优势。综上所述，应当确立消费者的同等保护原则、适度保护原则和维护交易效率原则，以此三项原则作为第三方支付消费者权益保护的基本原则。

（一）消费者同等保护原则

第三方支付作为一种新型的支付方式，其消费者保护问题与传统消费者保护问题具有一定的差别，那么应该在多大程度上对其消费者进行保护就成了首先需要解决的问题。为鼓励消费者使用第三方支付，进而促进第三方支付的发展，第三方支付中消费者保护的水平不应低于传统消费者保护的水平，这就是同等保护原则。理论上讲，所有消费者是平等的，因此国家对电子商务中消费者权利遭受侵害时所提供的保护水平也是一致的，应实行同等保护准则。

对于第三方支付消费者权益保护，同等保护原则的具体要求是：①现有立法和规则可以调整的第三方支付消费者权益保护问题，应当使用现有的立法和规则；②现有立法和规则难以调整的第三方支付消费者权益保护中出现的新问题，应当建立新的法律规则，对消费者给予同等水平的保护。从第三方支付的特点来看，应当对交易安全、个人信息等方面问题进行重点关注。

（二）消费者适度保护原则

在电子商务逐渐兴起的背景下，各国际组织、国家和地区纷纷明确法律对电子商务的原则，其中，"最小干预原则"被普遍认可并确认。适度保护原则，即对消费者的保护应当是有限度的，这正是"最小干预原则"在消费者保护领域的具体化。从经济法产生的基础来看，市场是一种高效的资源配置方式，但市场具有缺陷，会产生市场失灵现象，而市场机制的缺陷不能通过市场自身克服，需要国家强制力对市场失灵进行矫正。所以，法律调整的范围应当限于市场失灵的范围，而不包括市场可以自发调整的范围，这就是法律调整的市场界限。对于新兴行业的发展，法律监管应守住底线，但不能管得过宽过死，以避免过度监管抑制经营者的生产、创新积极性。对第三方支付消费者的保护，既要规范，也要创新。第三方支付消费者权益保护法律制度在维护市场秩序、保护消费者权益的前提下，也要鼓励经营者进行创新，为行业发展预留空间。

（三）维护效率与便捷原则

电子商务无须人工操作，通过计算机与互联网自动进行信息的处理与传输，极大提高了交易的速度。第三方支付作为电子商务中的一个重要环节，其相较于传统支付手段的突出特点即支付的高效性与便捷性，买卖双方可以在世界上任何一个地方的任何一台计算机上完成交易，这大大降低了交易成本，缩短了交易时间。第三方支付的飞速发展，正体现了消费者对于交易效率与便捷的需求。因此，对第三方支付消费者的法律保护也应当贯彻效率与便捷原则，即法律应当有利于维护、促进交易的时效性与便捷性。

维护效率与便捷原则可以具体表现为：①短期时效，缩短交易产生的债权的时效，使法律行为快速产生确定的效力；②鼓励消费者进行定型化交易，以减少消费者学习相关知识、判断交易风险的时间。

消费者开始接受第三方支付机构提供的服务时，也通常会考虑到如果发生纠纷该如何解决，如果纠纷解决机制费时费力，难免会使消费者对第三方支付望而却步，影响消费热情。因此，在维护交易本身效率与便捷的前提下，也应当提高纠纷解决的时效性，创新、完善现有的诉讼、非诉机制，建立适宜第三方支付消费者维权同时又灵活、高效的纠纷解决机制。

二、完善立法及立法技术创新

（一）完善立法

对立法的完善应当结合现实情况以及对未来的预期。从当前情况来看，我国消费者权益保护法律制度经过不断修改与完善，能够解决保护消费者权益过程中存在的许多问题。着眼第三方支付的具体情况，第三方支付法律关系中的主体、客体和内容仍然符合传统法律关系的形式，现有法律制度可以适用于第三方支付消费者。将现有立法适用于第三方支付领域可以避免扰乱现有法律框架或将问题复杂化，同时能够节约成本。

第三方支付作为一种新型支付模式，对传统法律制度也造成了一定的冲击，互联网的虚拟性和专业技术性大大降低了消费者的风险防范能力和维权能力，使得消费者的弱势特征更加明显。原有法律制度对消费者的资金安全、个人信息保护明显不足，纠纷解决机制不能适应互联网发展的需要，这些也给第三方支付消费者权益保护带来了困难，应当通过制定新法、修改现有法律等方式解决现有法律不能有效解决的问题。

(二) 立法技术创新

广义的立法技术是指在法的创制过程中所形成的一切知识、经验、规则、方法和技巧等的综合；狭义的立法技术是指如何表达规范性法律文件的内容的知识、经验、规则、方法和技巧等，一般要求包括确定性、合法性、无矛盾性、联系性、逻辑性和简明性。立法技术的价值和目的是使法律规范在表达形式上与内容更为符合、更臻完善以促进法律的使用和遵守。

在针对第三方支付消费者权益保护进行立法时，除需要达到上述立法技术的要求以外，应当着重考虑其互联网背景。互联网技术的发展日新月异，第三方支付企业的服务内容、方式等也会随之发生相应变化，为适应其发展速度，应当注重立法技术的前瞻性，使法律规则具有一定的张力和可协调性。因此，为了协调和平衡第三方支付的发展与保护消费者权益，相对于传统的"刚性"立法，第三方支付消费者权益保护法应当给网络技术和第三方支付的发展保留更多的空间而趋向于"柔性"立法。

作为消费者权益保护中的一项特殊问题，在立法技术上，首先应确保第三方支付消费者保护在内容上与消费者权益保护法的连贯和一致，这样才能实现法律体系的统一和完整；其次，注重法律内容的可操作性，例如，对于个人信息保护问题，简单地规定保护消费者个人信息并无意义，必须详细规定在消费者个人信息的保护范围，明确消费者对个人信息享有的具体权利，并明确经营者在交易各个环节的保密与合理使用，最后还要对法律责任作出具体规定，只有这样才能保护消费者权益。

三、完善相关的具体制度

(一) 完善账户资金安全制度

1. 确立支付瑕疵的无过错责任

消费者在与第三方支付企业进行的交易中处于弱势地位，同时支付瑕疵通常是由不能归咎于消费者的原因造成的，因此消费者不应承担支付瑕疵所造成的损失。通过对公平与效益、个人利益与社会利益的价值对比与判断，应当对第三方支付中的支付瑕疵确立支付企业无过错责任原则，理由如下：

（1）导致产生支付瑕疵的原因非常广泛，消费者难以预知且想要查明十分困难。而支付瑕疵所带来的损失额也难以预估，普通消费者往往难以承受。对第三方支付的支付瑕疵实行企业无过错责任原则，可以平衡消费者与第三方支付企业实力上的差距。

（2）第三方支付企业可以通过建立风险基金、购买责任保险等多种商业模式分散其经营风险。相较于消费者，企业具有更强的风险转移能力。

（3）确立无过错原则能够产生立法导向作用，促使第三方支付企业对支付服务相关的知识与技术进行完善，不断提高支付服务的安全性和稳定性，增强企业市场竞争力，有利于第三方支付产业的长远发展。

2. 合理分配支付账户冒用的责任

第三方支付平台与其消费者在防范支付账户冒用的能力上差距悬殊，第三方支付机构比客户更具预防风险、控制风险和转移风险的能力，因此，应当承担更多的冒用风险。从风险来源看，表面上账户冒用风险通常来源于消费者信息保管失当，但事实上支付模式、支付制度以及网络安全技术水平才是冒用风险的根本来源，直接关系到整个第三方支付平台的安全。大量账户冒用案件的发生也说明，防范其风险不能只依靠单个消费者尽合理义务，更要通过支付企业对支付平台或支付系统的改进与完善；从控制风险的能力来看，账户冒用所产生的损失不仅与消费者是否及时通知经营者有关，也与经营者是否及时采取必要措施有关，同时还需依靠经营者在进行交易时尽善良管理人的注意义务；从风险转移能力来看，第三方支付机构有能力通过购买保险等其他商业模式转移部分风险，而不必由处于弱势地位的消费者承担巨大风险。

（1）以消费者通知第三方支付平台为时间标准，消费者履行通知义务以前的损失由消费者承担，履行通知义务以后的损失由第三方支付企业承担，这一规定否定了第三方支付企业进行必要行动的"合理期限"，有利于敦促第三方支付企业及时采取措施，避免损失扩大。

（2）消费者欺诈、故意或者重大过失行为造成的冒用由消费者承担损失，如消费者故意泄露账户信息时企业不承担赔偿责任。

（3）第三方支付机构没有履行善良交易人的合理的注意义务，或者没有履行相应的信息披露义务的，也应承担一定责任。

3. 禁止支付机构随意冻结账户、划拨消费者资金

资金安全问题是消费者使用第三方支付服务时考虑的首要问题，确保消费者的资金安全才能使消费者建立安全感，对第三方支付行业产生信任。若第三方支付企业随便处置消费者财产，根据自己的判断随意冻结账户、划拨资金，会让消费者对第三方支付产生不信

任，放弃使用第三方支付服务。我国应当通过立法明确规定，第三方支付企业无权对消费者的账户使用及资金流动进行限制，法律另有规定、协助司法机构的保全与执行除外。同时，任何非法冻结、划拨消费者账户资金的格式条款都属无效条款。

（二）完善个人信息安全保护制度

1. 明确消费者个人信息权的内容

我国当前法律规定主要涉及对个人信息的收集与使用，事实上，第三方支付对消费者个人信息的处理包括个人信息的收集、存储、加工、调整、恢复、使用、移转、公开、更改、删除等环节。法律应当明确消费者在各个环节的具体权利，包括对个人信息被收集的知情权，对已收集信息的控制权如修改、阻止经营者继续使用等。

2. 明确支付企业信息保护义务

第三方支付企业之所以要承担信息保护义务，是因为消费者是按照企业要求填写相关个人信息，并将这些信息保存在支付平台中。法律应当进一步细化经营者收集个人信息的范围，禁止第三方支付公司收集非支付必须的用户信息。未经消费者许可，第三方支付企业不得使用或加工消费者个人信息；消费者有权知悉个人信息的使用与加工方式，有权要求停止对其信息的不当使用与加工。第三方支付企业应当妥善保管消费者个人信息，不得向第三方转售、泄露。

3. 准确界定支付双方对个人信息的处分权限

消费者的个人信息对于第三方支付企业与消费者本身而言意义不同，对于前者，消费者的个人信息是其宝贵的信息资源，是创造财富的源头；对于后者，消费者个人信息是人格权的充分体现，二者之间发生冲突，应当优先保护消费者的权益。虽然消费者在支付过程中会将自己的个人信息提供给支付平台，但是这并非默认第三方支付平台享有处分的权利。因为，个人信息很可能会涉及消费者隐私内容，第三方支付企业不能将其随意处分，侵犯消费者的隐私权。支付服务不能成为第三方支付企业处分消费者个人信息的对价。

4. 完善民事责任制度

对第三方支付消费者个人信息侵权的归责，目前只能依据一般侵权的构成要件进行分析，按照过错责任进行责任分配。由于消费者在信息、技术的掌握上处于弱势地位，想要举证证明侵权行为十分困难。因此应当完善我国现有的个人信息侵权案件的归责原则与举证责任，保护消费者的个人信息。

民事责任的设置是为了补偿消费者个人信息泄露、被不当利用而产生的损失，因此侵害个人信息的民事责任形式应以损害赔偿为主，这里的损害包括财产损害和精神损害。除了对损害进行赔偿，及时停止损害或者采取补救措施亦具有很大现实意义。用户个人信息产生或者可能产生风险时，网络服务提供者立即采取补救措施，应对此规定进一步细化，在此种情况下赋予消费者向司法机关或行政机关寻求救济的权利。同时，消除影响、恢复名誉、赔礼道歉等非财产性的责任形式也应当可以依具体情况而适用。

（三）完善格式条款的规制

1. 建立事前审查机制

由于第三方支付消费者数量庞大，第三方支付格式合同的使用范围十分广泛，其内容影响巨大。因而，应当对第三方支付格式合同进行事前审查，审核合同的公平性、合法性。

2. 限制支付机构的修改权

现有制度对格式合同修改时通知消费者的时间进行了限制，除此之外，还需限制通知的方式，以使消费者及时、全面地知悉合同的更改内容，可以采用个人通知与公告相结合的方式，要求第三方支付企业尽所有可能的手段履行通知义务。另外，如果消费者不同意第三方支付企业对合同内容的更改，应赋予其解除合同、注销账户的权利，以保障消费者的自由选择权。

3. 构建多层次监管体系

（1）中国人民银行是第三方支付企业的监管主体，因而，需以中国人民银行为核心对第三方支付企业所提供的格式条款进行监管。

（2）将对格式合同的监督审查责任落实至具体行政部门。可将格式合同的审查交予工商管理部门，因为工商管理部门在人员构成上既包括拥有专业知识的专家也包括社会公众代表，他们参与监督审查能够提高行政决策的科学性和社会可接受性。因而，可以赋予其对格式合同监督、撤销、核准等权利，充分发挥工商管理部门的职能。

（3）增强消费者组织的监督作用。对于第三方支付格式合同中不公平的条款，消费者组织有权建议第三方支付企业进行修改并提出修改建议。

（4）完善行业协会的自律监管。现有第三方支付行业协会是网络支付委员会，该协会在其制定的行业自律守则中明确了在第三方支付服务协议中应体现的消费者权利与经营者义务，对格式合同的内容有较为全面的规制。对于格式合同的监管，可以鼓励行业协会发挥专业性优势，对格式合同进行自我监督。

4. 强化司法对格式合同纠纷的规制

除了上述规制以外，也要强化司法机关在规制格式条款中的作用。法院在处理相关纠纷时，应当充分考虑消费者弱势地位以及格式合同天然的非公平性，落实公平原则与诚实信用原则，保护消费者权益。

(四) 完善纠纷处理机制

1. 诉讼管辖的选择

对于第三方支付诉讼管辖，应当在借鉴国外立法经验的基础上，结合第三方支付的特点，平衡各方利益，完善管辖机制，并防范相关法律风险。

在合同纠纷中，应鼓励广泛、合法使用协议管辖。协议管辖尊重交易当事人的选择权，允许当事人在支付服务协议中就管辖的法院进行约定，体现了当事人的意思自治，能增强当事人对诉讼管辖的预见性。第三方支付合同纠纷中，应将协议管辖作为首要原则。但是协议管辖须注意两个方面：①如果采用格式条款方式确定管辖问题，必须充分保护支付客户的知情权与选择权，使客户在了解管辖条款的基础上以真实意思来接受格式条款；②协议所确定的管辖法院应当与第三方支付争议存在实际联系，且不得违反级别管辖和专属管辖的规定。

在侵权纠纷中，有必要摒弃侵权行为地主义，并借鉴"目标指向方法"确定管辖法院。目标指向方法是近年来美国在电子商务案件的审判中发展出的管辖权确定方法，如果被告通过互联网所从事的行为是明显指向法院地，且该行为对法院地造成了可预见的后果，则法院有管辖权。以此方法确定管辖法院能够减小受害人的诉讼成本，有利于保护消费者权益。

2. 建立替代性纠纷解决机制

我国应构建多元化的非诉讼纠纷解决机制，尤其是在线纠纷解决机制，重点发展在线仲裁机制，以适应第三方支付的发展实际，提高纠纷解决的平和、高效和低成本，促进当事人的"双赢"，优化司法资源。

第六章 电子商务中消费者个人信息的权益保护研究

第一节 电子商务中个人信息及其类型

一、个人信息的内涵与外延

准确把握个人信息的内涵和外延，是执法、司法以及企业合规的前提。个人信息的内涵揭示的是其本质特征，外延是个人信息的范围。个人信息的外延，不仅决定个人权利的范围，而且关涉个人权利保护与电子商务产业发展这一矛盾，因此，需要在平衡个人信息安全与电子商务产业发展的基础上确定。

（一）个人信息的内涵

依个人信息保护法的基本原理，个人信息是指可以直接或间接识别自然人个人的信息。信息哲学认为，信息是物质存在方式和状态的自身显示。个人信息是对权利主体（信息体）的反映，个人信息是识别权利主体和确定权利主体特征、状态的客观存在或描述，如姓名、年龄、通信地址和网上浏览记录，是与自然人相关联的、具有个体特征的信息片段。

识别性是个人信息的本质属性。所谓识别，既可以是将信息主体与其他人区分开来或者联络到本人，也可以是权利人的行为状态和行为轨迹等。识别分为直接识别和间接识别，所谓直接识别是指仅依靠一条信息就能把信息主体特定化，典型的直接识别性个人信息是个人的身份证号码；所谓间接识别，是指通过两条以上的个人信息才能将信息主体特定化，如通过姓名、单位、职务或职称等组合确定某一自然人。识别既可以是通过个人信息指向本人，如姓名、身份证号码等确定某一信息主体，也可以通过识别个人终端设备

"间接识别"某一信息主体，例如，使用"Cookies"向信息主体的终端设备发送定向广告。

（二）个人信息的外延

个人信息的内涵决定了个人信息的外延，因此，所有能够识别自然人的信息都属于个人信息的范围，如自然人的姓名，身份证件号码，住址，个人生物识别信息，电话号码，银行卡信息、账号和密码，支付记录、浏览记录、搜索记录、交易记录、通话记录，位置信息，健康状况等信息，具体而言，个人信息有以下类型。

1. 个人生理特征信息

个人生理特征信息是基于个人的出生和成长而产生、体现个人自身特征或者状况的信息，包括出生日期、性别、基因、指纹、声纹、掌纹、耳郭、虹膜、面部特征等个人生物识别信息。

2. 个人标识性信息

个人标识性信息的特点是区分性，即通过某一条信息或者信息的组合能把某人从其他人中区别开来，如姓名、民族、国籍、亲属关系、住址等；身份证、军官证、护照、驾驶证、工作证、出入证、社保卡、居住证，个人电话号码、系统账号、IP 地址、电子邮箱及与前述有关的密码、口令、口令保护答案、用户个人数字证书等网络身份标识信息；个人常用设备信息，指包括硬件型号、设备 MAC 地址、操作系统类型、软件列表唯一设备识别码等在内的描述个人常用设备基本情况的信息；联系人信息，通信录、好友列表、群列表、电子邮件地址列表等。

3. 反映个人基本情况的信息

反映个人基本情况的信息反映的是个人的人身或者财产的基本状况，包括以下信息：

（1）个人生理健康信息，如个人因生病医治等产生的相关记录，如病症、住院志、医嘱单、检验报告、手术及麻醉记录、护理记录、用药记录、药物食物过敏信息、生育信息、既往病史、家族病史，以及根据个人身体健康状况产生的相关信息，如体重、身高、肺活量。

（2）个人教育工作信息，如职业、工作单位、职位、学历、学位、教育经历、工作经历。

（3）个人财产信息，如银行账号、鉴别信息（口令）、存款信息、账户变动信息、房产信息、信贷记录、征信信息、交易和消费记录、流水记录等，以及虚拟货币、虚拟交易、游戏类兑换码等虚拟财产信息。

（4）个人的婚史、宗教信仰、性取向、未公开的违法犯罪记录等。

4. 个人行为信息

个人行为信息反映的是个人登录和使用互联网产生的信息，包括以下信息：

（1）个人通信信息，包括通信记录和内容、短信、彩信、电子邮件，以及描述个人通信的数据等。

（2）个人上网记录，指通过日志储存的用户操作记录，包括网站浏览记录、搜索记录、软件使用记录、点击记录等。

（3）个人位置信息，包括行踪轨迹、精准定位信息等。

二、电子商务中的消费者个人信息

当前，国内大部分法律法规并没有直接界定消费者个人信息概念，但也有例外，如，《山东省消费者权益保护条例》对消费者个人信息的概念进行了直接界定，以详细列举的形式将消费者的姓名等能够单独或者与其他信息结合识别特定消费者个人的信息均囊括在内。其他法律法规只是从经营者义务和消费者个人信息权益保护角度对相关内容进行了间接规定。如，《电子商务法》《消费者权益保护法》在个人信息保护方面，虽然对电子商务经营者的权利和消费者的义务进行了表述，但并未对消费者个人信息的含义和范围作直接界定，需要引用其他规范性文件作为参考依据。各地方法规对个人信息定义的差别，主要是在列举范围的不同。而这源于各地对生活消费范围，也即消费者权益保护法调整范围认识的不同。

与个人信息的定义相类似，国内现有法律规定多以列举式方式对消费者个人信息概念进行界定，并将一些人身相关性不高的信息排除在外，如，电子商务中涉及的设备信息、服务日志等信息。电子商务服务经营者常常会根据消费者的设备信息和浏览日志信息，获知消费者的消费习惯和偏好，从而有针对性地开展商业营销。因此实名化、标识化的设备信息和服务日志信息等"非个人信息"与其他信息结合完全可用于识别特定个人身份。当然，经过匿名化处理后，无法再恢复识别性和关联性的信息不属于个人信息。

综合电子商务、个人信息、消费者个人信息等含义，参照个人信息概念的判定标准，可对电子商务中消费者个人信息做界定：在借助网络销售商品或者提供服务的商务活动中，以电子等各种方式记录的能够直接或间接识别特定消费者的数据信息。

三、电子商务中消费者个人信息的特征

特征往往是识别某项具体法益和法律保护对象的关键要素，电子商务中消费者个人信息属于我国法律所保护的消费者个人信息中的一种，与消费者个人信息有共同的特征，但由于消费场景和消费方式的差异，具有一些特殊性。通常来说，电子商务中消费者个人信息具备以下特征。

（一）个体识别性特征

所谓"识别"是指个人信息和信息主体存在一定的客观可能性，简单地说，通过这些个人信息可以直接或间接地确定信息的主体。同样，作为个人信息重要特征的个体可识别性，也是消费者个人信息的重要特征。可以从消费者个人信息识别出一个个特定的消费者个体。我国《民法典》规定的个人信息是能够单独或者与其他信息结合识别特定自然人的各种信息，并将经过加工无法识别特定个人且不能复原的信息排除出个人信息范畴。对电子商务中消费者个人信息进行保护的实质即是对作为自然人的消费者人格权的保护。因为消费者许多个人信息涉及消费者个人私密信息，对这些个人信息的侵害，无疑会导致消费者本人的人格权遭受损害。倘若被侵权的具体个人信息并不能识别出某一特定消费者，也就不会产生侵害特定消费者人格权的法律后果，进而对消费者个人信息侵害的补偿也将变为空谈，其个人信息权益保护也便无从谈起了。所以对电子商务中消费者个人信息进行保护首先要确定的便是该个人信息是否可以识别。

（二）客观关联性特征

根据信息生产的主动性标准，可以分为主观信息和客观信息。将通过智力劳动主动创造的信息称为主观信息。将与人的主观活动有关客观记录的信息称为客观信息。主观信息里面凝聚着特定人员的智力劳动，如小说、音乐、美术等，很多属于著作权法调整范畴。消费者在电子商务活动中，浏览记录等客观活动的记录属于典型的客观信息。同时，为了完成相关商品或劳务的交易，消费者也会主动填写本人的姓名、住址、联系方式等信息。消费者提交这些信息并不涉及主观智力劳动，其目的还是为了辅助电子商务这一主观活动的附随信息，具有显著的客观性特征。同时，电子商务活动中，消费者会产生大量客观信息，但并不是所有客观信息都需要法律去保护。因此，能够关联上某一特定消费者的信息才需要法律保护，即相关个人信息要与特定消费者具有关联性。如，进行技术处理已经匿名化的照片等信息就失去了关联性。

（三）经济有价性特征

在电子商务中，消费者个人信息具有潜在的商业开发价值。电子商务经营者及其他个人信息处理主体通过信息处理技术手段，对消费者个人信息进行大规模加工和分析。通过区块链运算和大数据开发，专业的数据分析机构可以从海量个人信息中分析出特定消费主体和群体消费习惯、消费偏好等有价商业数据。数据加工机构将加工好的个人信息"成品"或"半成品"打包出售给需要的商家，从中牟取经济回报。广告公司可以通过获取相关信息数据，对不同的消费人群开展差异化的广告投放，以最小的经济成本，获得最大的广告宣传效应。

电子商务经营者通过获取特定行业的消费者数据信息，可以有针对性地进行备货，将仓储物流成本压缩到最低，提升利润空间。同时，可以进行精准引流，增加客单量，提高营业额和利润总额。如，每年电商平台都会对客流量进行统计分析，为下一步营销等商业活动制定改进方案。想要拥有更多的客户流量，就需要收集掌握尽量多的电子商务消费者个人信息。同时，相关大数据分析，也可以为物流、仓储等行业发展提供全面客观的数据支撑。

四、电子商务中消费者个人信息的类型

（一）基本信息与敏感信息

在使用电商平台开展电子商务活动前，消费者在电子商务服务平台注册账号时，需要提供姓名、手机号码等一些个人基本信息。这些基本个人数据被有关电子商务服务平台获取并持有。随后，消费者在进行消费活动时，一些电子商务经营者会不断地要求消费补充添加更多的个人信息。当消费者在规定的时间内没有及时补充完善相关信息时，电子商务经营者就会限制消费者使用一些服务功能，甚至彻底禁止使用任何服务功能。

消费者在电子商务活动中消费时，往往会将个人的登录账号密码、信用卡号密码、身份信息、财产信息等涉及个人人身财产的信息提供给电子商务经营者。这些信息一旦被泄露可能危害消费者人身和财产安全。敏感个人信息指的是一旦泄露或者非法使用，可能导致个人受到歧视或者人身、财产安全受到严重危害的个人信息，例如，个人生物特征、金融账户等。这种定义还是比较科学合理的，也便于理解。

从基础信息中区分出敏感信息，有助于我们有所侧重地对消费者切身利益影响最大的信息实施重点保护。对于消费者个人姓名、电话号码等一般信息的不当收集与利用，通常不会给消费者个人人身和财产带来显著损害，但是个人敏感信息受侵害往往会给消费者带来重大财产损失和精神摧残。因此，对处理消费者敏感个人信息，应该设定更为苛刻的前置条件，若非特殊之目的和紧迫之必要，不允许任何组织和个人进行处理。同时，处理消费者个人敏感信息时，除了需要按照处理普通信息时征求消费者同意外，还应实行"一信息一同意"规定，以最大可能保护消费者的敏感个人信息。

（二）自然性信息与社会性信息

消费者个人信息既包括与生俱来的反映特定消费者客观生理情况的信息，也包括消费者在后天社会生活和与人交往过程中产生的各种信息，这些信息可以划分为自然性信息和社会性信息。其中，自然性信息主要反映消费者人身健康方面的信息，属于法律传统保护的重点；而社会性信息更多地反映消费者人格财产方面的信息，是社会商品经济发展到一定水平后，才逐渐引起人们关注和重视的信息。

自然性信息，即消费作为人的个体，其在消费活动中所展现的先天具有或后天获得的一切生理信息。如，年龄、血型、性别、身高、体重、肤色、五官、指纹、疾病史、虹膜等生理信息。这些信息更多地体现为消费者人身和健康状况，反映了消费者作为自然人的最基本属性，应该重点加以保护。

社会性信息，即消费者作为社会的个体，在消费活动中能反映其特定社会关系和社会地位的信息。如，职业、住址、国籍、婚史、电话号码、教育经历、宗教信仰、银行卡号等社会信息。其中，消费者社会属性信息又可以细分为消费者人身信息，即与消费者人格紧密联系而不直接反映其财产内容的信息，如婚史。消费者财产信息，即指反映与消费者个人财产状况的相关信息。伴随经济社会发展水平的提高，消费者对自身社会性信息安全越来越重视，相关信息保护研究也越来越受专家学者的重视。

（三）公开信息与私密信息

消费者个人信息根据消费者个人意愿分为"公开信息"和"私密信息"。其中"公开信息"是指法律规定或经消费者明确同意予以公开的个人信息，电子商务服务平台通过合理、合法的途径能够收集到的消费者相关个人信息。需要指出的是，其他人可以随时查询消费者已公开的个人信息，但未经允许不可以对相关信息实施收集、使用等处理行为。如在电子商务活动中，消费者公开发表的对某件有形商品或无形服务做出的评价或评论等，即属于此类信息。"私密信息"是为正常参加电子商务活动，消费者须提供给特定主体且不为第三者知晓的信息，即使该消息已处于事实公开状态。私密信息涉及个人人身和财产利益，消费者往往不愿让非必要第三人知晓，因此，非经法律强制规定和消费者明确表示同意，相关信息即不得被非法公开。如，消费者在电子商务服务平台上填写的账号、联系方式、住址等。

法律对"公开信息"和"私密信息"进行了一定的区分保护：消费者个人信息一经消费者同意或者法律规定为"公开信息"，无论是否属于消费者个人敏感信息，都已经丧失了隐私利益，不应再享有个人敏感信息的被保护待遇。

根据相关信息能否单独直接用来确定或识别特定具体消费者个体的划分标准，可以将消费者个人信息分为"可直接识别信息"和"不可直接识别信息"。其中，可直接识别信息是指无须其他信息辅助，能够单独直接识别出特定消费者的相关信息。如消费者的身份证、银行账户等。不可直接识别信息是指，不能单独识别特定消费者身份，但可以在其他信息结合辅助下，识别特定消费者身份的信息。如，性别、血型、身高、年龄等。区分"可直接识别信息"和"不可直接识别信息"的目的在于：对于消费者而言，相较"不可直接识别信息"，"可直接识别信息"与消费者个人切身利益联系更为紧密，法律理应给予其更严格的保护。而大部分个人信息无论是否具有直接识别特定消费者个体的功能，对于商家来说其经济价值一样重要甚至更加重要。因此，未与其他信息结合前，"不可直接识别信息"可首先满足电子商务经营者使用个人信息的需求。

第二节　电商平台对个人信息保护的义务

一、电商平台对个人信息平等关系下的保护义务

"电子商务背景下保护个人信息，不仅是保护个人权利之必须，而且是促进电子商务健康发展、深化国际合作的需要。"[①] 电商平台通过与用户达成的隐私政策或约定，拥有很多用户的个人信息。在平等关系的疏导下，其与用户之间也通过协商实现了双方民事法律关系。为更好地、细致地、全方位地保护个人隐私，人们可以按照个人信息被电商平台所处理的阶段，依次分成收集阶段、存储阶段、使用阶段和救济阶段。通过这样划分，使

---

① 邹强，王景. 电子商务背景下个人信息保护研究 [J]. 中国经贸导刊 (中)，2021，(07)：83.

电商平台对个人信息保护义务进行明确。

（一）个人信息收集阶段

1. 协议制定义务

协议是合同的一种形式，合同代表着各方达成一致、平等自愿的意愿，并明确规定各方的权利和义务。合同的内容可以由当事人之间约定。对于电商平台的服务协议和交易规则，由平台自行制定。当用户在注册并使用移动应用程序时，在下载完应用软件后，首先会遇到服务协议和隐私政策的管理内容。只有在同意并勾选同意方框前，接受其管理后，才能进入电商平台的服务页面。因此，用户使用移动应用程序的第一步就是接受平台关于个人信息的服务协议和隐私政策，并接受电商平台的经营管理模式，才能使用移动应用程序。

协议的制定是电商平台触及用户个人信息价值的最初步骤，因此协议内容的制定需要遵守相关法规，并受到行政主体的规范和监管，以避免隐私政策被电商平台滥用成为单方告知的格式合同中的不公平条款。只有通过对自身制定协议内容进行利益衡量，不损害自身的权益，不减少对方的权益，才能防止电商平台与用户之间产生冲突。这有助于推动电商平台和消费者之间形成和谐、平等的民事法律关系，从而促进电商交易行业的繁荣和发展。

2. 告知同意义务

在网络环境下，普通人对个人信息保护的意识逐渐增强。然而，许多人对于自己的个人信息被收集的问题感到困惑，不清楚是谁、为什么收集他们的个人信息，以及这些信息被收集后将如何处理。从技术角度来看，电商平台由于拥有专业的技术人员，可以掌握信息的控制权，导致信息不对称现象的产生。从日常生活角度来看，像微信、支付宝和各种在线银行等应用平台逐渐成为生活中不可或缺的产品，成为人们沉浸其中的生活依赖。尽管电商平台在现代社会中为我们的生活和工作带来了便利，但任何事物都是相互联系、相互作用的。大量用户与电商平台进行交易时，同时也为电商平台收集用户个人信息提供了便利条件。

大多数用户很少关注服务条款的内容，他们的想法是无论如何都要使用这个电商平台，所以他们直接在"同意"选项前点击对勾。毕竟，如果用户不同意，就无法使用该平台。这导致了一个"信息悖论"的局面：一方面，普通大众对隐私的意识逐渐觉醒，人们越来越追求对信息保护的安全感；另一方面，当大数据用户面对冗长复杂的条款时，更懒得去浏览电商平台发布的隐私政策。这种情况的原因在于用户和电商平台之间存在信息不对称，导致在信息技术掌握方面存在不平衡，从而大大增加了个人信息遭受侵害的风险。

要解决信息不对称问题，可以通过加强信息强者一方的义务来实现，将用户对个人信息的了解从过去的不清楚被谁以及为何目的收集转变为现在清楚地知道被谁以及为何目的收集。为了明确电商平台的告知义务，必须向用户明确说明收集个人信息的具体目的和用途等。通过加强电商平台的义务，同时也巩固了用户的权利，可以使信息不对称转向信息对称的方向，从而使电商平台和用户的权利与义务趋向平衡。

3. 合法正当必要

在获取和使用个人信息时，确保合法、正当和必要性是至关重要的。为了确定合法和正当的标准，在法律实务中，可以参考目前已经立法出台的文件，这些文件为个人信息的获取和使用设定了一些规则和标准。

（二）个人信息存储阶段

电商平台通过与不同用户进行商品和服务交易，建立了丰富的数据库系统，其中存储了成千上万用户的个人信息。对于电商平台来说，用户的个人信息可以带来巨大的经济利益，因此电商平台利用其技术优势尽力获取更多用户的个人信息。然而，用户的个人信息在当前社会面临多种风险。因此，必须明确电商平台的安全保障义务，要求电商平台尽最大努力维护用户的信息安全。

根据《民法典》的规定，管理公共场所的人员、组织群众性社会活动的组织者都有安全保障的义务，这一法条侧重于维护秩序和安全。我们的思维也在与时俱进，将现实公共场所的范围延伸到虚拟网络空间。电商平台在某种程度上可以类比为物理实体公共空间的安保义务主体，作为危险源的开启者，它应该承担消除平台领域内对用户产生或影响的行为，并预防可能发生的侵害行为的义务。在个人信息保护方面，电商平台也应履行安全保障的义务，具体有以下三个原因。

首先，基于以营利为目的的行为。我们现有的大数据主要来自于电商平台的贡献，电商平台在现代社会中扮演着不可或缺的重要角色。它能够收集、存储、利用和传递个人信息，并通过此过程获得价值和资源。作为危险行为的发起者，电商平台从危险行为中获得了利益，因此应当承担必要的责任，以阻止危险的发生。因此，电商平台必须承担对个人信息安全保护和风险规避的义务。

其次，基于用户对电商平台的合理信赖。基于用户在使用电商平台之前与其达成的服务协议和隐私政策，用户从同意协议那一刻起，对电商平台形成了本能的心理信任。他们相信自己的个人信息不会被告知协议之外的第三方。就像患者去诊所看病一样，他们相信医生不会将私人疾病信息泄露给外界。对于任何行业来说，通过信任而产生的价值有时甚至比商品和服务本身的价值还要高。因此，我们必须维护对用户的信任，从法律角度要求电商平台履行安全保障的义务。

最后，基于技术优势和效率。规范电商平台的安全保障义务是因为电商平台作为网络运营者或网络服务提供者，无论是从技术层面还是人员层面上，都具有直接、灵活、高效的本质优势。当电商平台每时每刻都在收集用户信息时，它必须符合网络运行安全标准，以保护用户的个人信息。

《电子商务法》规定了电商平台的安全保护义务，要求电商平台主动采取技术措施和其他措施确保网络安全。《中华人民共和国网络安全法》（以下简称《网络安全法》）规定电商平台必须遵守法律法规和国家强制性标准要求，并采取相应的技术措施来维护网络的安全运行。电商平台基本上每时每刻都在收集用户信息，因此它必须符合安全分级保护机制的要求，配备软件和硬件设施，以履行安全保护的义务。通过制定管理制度和规程、设立网络安全负责人、采取防止系统遭受病毒入侵的技术措施、监视和记录系统运行状态、实施数据分类等加密措施，电商平台可以履行对个人信息完整性和保密性的保护，并经常检查技术措施，定期进行更新升级，以确保关键基础设施能够应对计算机病毒的变异。

（三）个人信息使用阶段

根据《电子商务法》的规定，电商平台在使用用户个人信息时必须合法、合规。在商业实践中，大多数电商平台在其展示的隐私政策中明确指出，他们收集和使用个人信息的目的是为了提供服务、日常维护运营、进行大数据分析等活动，并且只在原先协议约定的范围内使用、共享和公开用户的个人信息。如果超出了原先协议的范围，必须再次获得用户的授权和同意。这些行为都构成了电商平台的合法使用义务。

《网络安全法》指出，电商平台不得违反法律和行政法规的规定，也不得利用个人信息违反与对方的协议。《个人信息保护法》还指出，在处理个人信息时，应明确并合理地确定处理的目的，并与事先约定的处理目的相一致，采取最小化对个人权益影响的处理方式。

在《电子商务法》《网络安全法》和其他法律的一致规定下，电商平台必须认真履行个人信息保护的义务。为此，必须明确个人信息的定义和本质，并结合电商平台自身的特点进行分析。电商平台可以根据用户在其平台上浏览内容的行为、停留时间的长短等信息，推断出消费者的需求和偏好。此外，通过用户与电商平台的交易信息，电商平台可以获取用户的姓名、联系电话、家庭住址等信息，甚至可以根据购买的商品勾勒出消费者的画像，预测其兴趣爱好。

如果电商平台没有合法正当地使用这些信息，一旦这些信息落入犯罪分子手中，将给消费者造成巨大的财产损失。因此，电商平台有责任确保个人信息的合法、正当使用，以保护用户的权益。这需要电商平台遵循相关法律法规，并采取适当的安全措施来保护用户的个人信息。

（四）个人信息救济阶段

法律规定电商平台在收集用户的个人信息时，要实行一系列的安全保护措施来保护信息安全；在存储个人信息时，无论是从软件上管理制度和标准上，又或者是硬件上保密技术措施等，电商平台的主要义务是保障用户的个人信息安全，避免信息泄露。在使用个人信息时，要符合与用户约定的相关使用目的和范围的规定，不凭借自己对信息掌握的技术优势来过度使用用户的个人信息，对信息的使用要符合合理正当使用的原则。从电商平台对个人信息的收集、存储、使用的步骤推演之后，如果前面任何一个阶段的义务没有做到位，都有可能造成用户的个人信息泄露，这个时候电商平台也要履行侵权时候的义务，及时补救、防止风险进一步扩大化，尽最大的努力让用户风险成本降到最低。

《中华人民共和国数据安全法》指出，电商平台一旦出现重大数据安全事件时，要当机立断采取相应应对措施，除了依照规则及时通知用户，还要向有关主管部门报告。电商平台履行义务的主要细节包括：①启动应急措施；②根据规则，向用户履行告知义务，告知事件发生的原因、可能造成的危害、用户方如何自行采取措施降低危害、电商平台这方针对此类安全事件的防范措施，以及随着安全事件不确定性增加及时变更的措施，告知形式由电话联系或邮件发送；③向管理电商平台的部门报告此类安全事件的处理情况，比如，说信息泄露的范围、哪些人的信息泄露、信息泄露大概会被多少知晓、自己采取了具体软硬件方面哪类措施使得危害结果的成本降到了最低。

二、电商平台对个人信息管理关系下的保护义务

在使用电商平台时，我们与平台之间不仅存在着消费者与平台签订的民事法律关系，平台还扮演着网络服务的提供者、网络运营者和个人信息处理者的角色。根据服务协议、隐私政策和规范性文件的规定，平台有责任承担管理和保护用户个人信息的义务，审核和

监督平台内信息的义务等。从管理关系的角度来看，可以将平台的义务分为事前阶段的预防义务、事中阶段的消除义务和事后阶段的补救义务。

（一）事前阶段——预防义务

预防义务是指危险尚未发生，电商平台处于网络掌控者地位这一方采取措施避免用户遭受到潜在风险的义务。电商平台通常对平台内疑似侵权的信息不予公开，或是在公开之前先做好对个人信息提炼过滤，目的是为了减少侵害个人信息的可能性而创造平台环境和条件。预防义务具体细分包括审查义务、维护平台安全。

1. 审查义务

电商平台主要功能是通过建立网络平台，给消费者与经营者创造沟通机制，促进电商交易、推动市场经济的高速发展。《网络安全法》等规范性文件，规定了电商平台必须对用户发布的信息有审查的义务，除此之外，还必须对发布的商品和服务信息进行管理，确保符合规范性文件的规定。

通过对电商平台的审查义务进行分析，电商平台面对平台内用户在交易中产生的违法行为，总是可以在最早时刻发现并停止将危害范围扩大化，但同时它又是成本最低的违法行为监管者。大数据技术的进步也让对非法信息的审查和筛选工作更加具有操作性，尤其过滤敏感词能够通过编程技术直接识别。电商平台从拥有的资源量、掌握的技术角度方面，都有承担此项义务的适当性，符合社会责任的有要求。

2. 维护平台安全义务

（1）硬件上保障网络运行安全。要给公司内设经营者创造一种安全的交易环境，在内部上不论是网络设施、还是设备都要达到外部国家或者行业的强制性标准，并根据等级制度要求，指定安全负责人，采取防范网络入侵措施。

（2）软件上备案和保存相关信息。如电商平台经营者应记录、存储其展示的商品和服务有关的交易信息，并确保此类信息的保密性、完整性。数据备份系统的确立，可以为可能发生的侵权事件搜集证据，保护基于适用平台交易的消费者的权益，并厘清电商平台与内设经营者的责任。

（二）事中阶段——消除义务

消除义务属于事中义务，其所处的时期，指当危险出现后且在危害结果出现前，即已经发生侵犯或出现可能侵犯个人权利的情况时，或者是已出现了较低的侵犯个人信息权利的风险时，而要避免风险进一步增加时，电商平台要承担积极主动的作为义务。包括明示和报告义务、不得设置必要程序义务、删除义务。

1. 明示和报告义务

明示和报告义务是指电商平台负有明示提示和报告义务，且平台有来自外部和内部技术方面的要求，随时处于不安全的环境中，要提醒消费者具备风险防范意识，采取必要措施避免损害结果的义务。当虚拟的商品、服务出现了信息泄露的风险，电商平台除了告知用户外，从行政方面考虑，还要在监管制度下向主管部门报告。

2. 不得设置非必要程序义务

电商平台与用户产生交易过程中，不能凭借自己是技术层面的优势方对用户信息查看、变更、删除，甚至结束交易时对注销账号设置非正常必须程序，危害消费者的合法权益。

3. 删除义务

电商平台不仅要删除平台内侵权或违法信息，还可以依据用户和平台之间达成的服务协议，对挑战规则的用户实施警告等措施，以打击平台内的违法行为、维护平台的正常秩序。虽说在上文已经提到服务协议，但那个是依据民法中的平等原则下所产生的履约义务，除了平等关系的履约义务，还有电商平台基于对用户协议而形成的管理义务，这是政府相关监管部门对其赋权的一种表现。目前电商平台的处理方式有扣减信誉积分、在规定时间禁言、查封账号三种形式。

电商平台要强化对用户发布信息内容的监督管理，发现用户在其平台上发表、传输的信息内容属于违法、违规或明确禁止的。电商平台要停止传输其信息，采取消除等措施，在实务中可以具体采用对违法用户采取封号措施或规定一段时间不能在电商平台上恶意发言。电商平台发现平台内经营者有侵犯其他用户知识产权方面的信息，要及时做出删除、屏蔽或终止交易和服务的相应措施，如对此不作为，与侵权人承担连带责任。

此外，如发布的内容对用户的个人信息权利造成严重侵犯，电商平台处于职责要求还应向公安部门报告，对于此类违法行为，要依法追责。我国刑法中，还规定了对侵害公民的隐私、售卖个人信息等犯罪行为，要承担刑事责任。

（三）事后阶段——补救义务

补救义务是在危险结果已经确定，消费者遭受侵害危险结束时，电商平台经营者有义务对被侵权人采取合理措施减少或挽回损失。补救义务主要包括删除和更正的义务、保证个人数据安全的义务、建立信息反馈的义务、责任承担义务。

1. 删除和更正的义务

用户发现网络运营者违反法定或者二者的约定收集、使用其信息或收集、存储其信息有错误的地方，运营者有删除或者更正的义务。从侵权这个角度来看，《民法典》规定了在用户使用互联网侵犯他人信息合法权益的，网络服务提供者有删除、屏蔽等措施。

2. 保证个人数据安全的义务

电商平台要承担对信息安全义务，尤其要防止因个人数据意外泄露后的传播、披露等，要制定好补救措施。《网络安全法》规定了保密工作，防止泄露、更改、损毁个人数据，并采取技术补救方法，一旦个人数据出现泄漏，要制定补救方案。

3. 建立信息反馈的义务

《网络安全法》指出网络运营者要建立起信息安全投诉、举报制度，用户在和电商平台进行电子商务交易中，如，电商平台的防火墙技术未及时更新升级，用户的信息被盗取；或是电商平台内某些工作人员为了一己私利，将所掌握的用户信息贩卖给其他人，诱发了诈骗行为频发。设立用户的救济措施也需要有一个方向性的指引，对侵害自己个人信息的情形，要向网络运营者及时的投诉。

4. 责任承担义务

5G 网络的迅速发展，且电子设备的价格不断下降，电商平台的服务范围在不断拓展，一些新型的侵权行为，在考验着现行法律法规的包容性和与时俱进性。通过对本部分中电商平台保护义务进行分析得出，在平等关系方面，对于电商平台通过法律规定或使用协议条款去获取用户的个人信息，最主要的要求是坚持合法、正当、必要的原则，而不能超出使用目的的范围，并要求得到用户的同意。然后是对信息要严格保密、严禁外泄，或是售卖给他人。及时更新电商平台中的防火墙升级系统，切实保护信息安全。最后，一旦发生信息泄露的情况，要及时采取相应补救措施。在管理关系方面，电商平台要把控在事前预防、事中消除、事后补救的不同阶段的义务。如果电商平台未尽到上文中所规定的义务，就造成了对用户的信息泄露，造成了用户的人身权或财产权的损失，对此就应该承担相应的责任。

在对电商平台的民事责任承担上，对个人信息侵权的民事责任承担主体主要有：排除妨害、停止侵害、消除危险、恢复名誉、损害赔偿等。

三、电商平台对个人信息保护义务的完善

（一）完善程序性保护义务的规定

完善程序性的保护义务更有助于实体性保护义务的全面履行，通过此项程序性的保护义务也可以让用户在过程中感受到安全感。

1. 完善协商制度

电子商务平台通过其技术优势在规则制定方面具有强大的单方控制能力。所谓的双方服务协议和隐私政策实质上更像是由一方单方面制定的标准合同，双方并未在法律关系上形成真正的平等地位。

构建协商制度的关键在于电子商务平台与用户之间的共识，就像以前签订正式书面合同一样，需要双方就某些条款进行商议和修正。然而，由于电子商务平台存在于虚拟空间中，并且具有一定的公共属性，从实际角度考虑，不可能与每个用户进行个别的一对一合同签订，因为这种方式成本过高。此外，用户的知识储备相对不足，缺乏与电子商务平台直接进行谈判的能力。尽管一个人的能力有限，但用户可以动员整个社会群体的力量来与电子商务平台进行协商。

相关部门还可以利用各种媒介渠道，制定网络规则的制定措施，起到带头作用。这其中可以增加广泛征求社会大众意见的程序，并广泛听取政府相关部门、信息科技领域专业人士、法律领域专业人士以及一般大众的意见。听取意见可以通过召开听证会或者发布网络调查问卷等形式进行。听取来自社会各界专业人士的意见，借鉴各方智慧，以保障用户的合法权益。政府随后将制定的法律规范在具有较高流量的媒体上发布，并在主管部门备案，以接受政府部门和社会大众的监督。

2. 完善告知义务的规定

电商平台的告知义务大多通过发布隐私政策来实现，由于隐私政策的内容所处位置相对不易被人看到，且内容的可阅读性也比较低，导致告知义务的结果相对模糊。所以，我们可以采取措施来加强告知义务的落实。

首先，简化隐私政策的显示路径。非自己下载的应用软件，也就是移动设备自带的具有电商平台性质的应用软件 APP 中，可以直接在登录首页显示隐私政策，以方便用户查找。

其次，提高隐私政策的可读性。专业知识的晦涩难懂难以让用户清晰地厘清隐私政策的内涵，而且隐私条文的告知内容本来就专业性极强。如果仅仅因为便于阅读而要求隐私政策文本过于简化反而不利于充分地告知。建议在隐私政策每一章节中都附赠短视频介绍，用简单易懂的语言对具体内容加以说明。隐私政策的主要意义就是通过一个更加清晰明白的显示方式，向用户做出告知，让用户在对自己权利义务清楚明白的情况下进行授权，才能有助于用户的个人信息保护。

3. 完善通知删除制度

电商平台履行通知删除义务，对于保存用户的信息具有重要的意义，在履行删除义务时，常常还伴有积极的审查义务，对权利人的证明材料和身份真实性进行核查。如果不对以规定审查义务，电商平台接到通知后任性地行使删除义务，而不顾此删除是否会对无辜的第三方造成侵害。况且审查大多数情况下在线上完成，不大可能做出实质性的审查。

此外，对于未完成通知删除义务而导致损失的，电商平台要承担侵权损害赔偿责任。如能证实其已经履行义务的，则可不承担侵权责任。电商平台的侵权行为有时候隐蔽性比较高，且电商平台本身就具备着较高的技术优势，通过完善通知删除义务可以避免被第三人侵权，对于用户的个人信息的保护也有着非常重大的意义。

4. 完善安全事件报告制度

在发生个人信息泄露的事件后，电商平台要履行报告义务，向网信等部门报告的内容主要有事件是如何发生的、事件的评估后果以及当下采取的应急措施，方便主管部门从行政层面采取有效措施，防止损害后果扩大化。报告可以通过有痕迹记载的电子邮件或者推送方式告知。若被影响的用户是不特定的多数人，也可以采用在流量较大、浏览人次也比较多的网页或短视频平台，以通知的形式通报。具体内容主要有事件发生的大概过程以及目前已实施的救援措施等，最重要的目的是向广大的用户提出预防风险建议；除此之外，还要设置惩罚机制，避免损害结果进一步扩大。

（二）完善实体性保护义务的规定

实体性保护义务是电商平台保护个人信息的核心组成部分，主要集中在个人信息的收集、存储、使用等阶段所履行的义务。通过法律法规中已经规定好的原则，要求电商平台在处理个人信息时要遵循这些原则。

1. 信息收集的必要性原则

必要性原则主要涉及合法性、正当性和必要性等基本要求，自收集时就必须最大程度地保护个人信息。目前的法律规定，对电商平台在收集信息时必须给出合法性、最小成本必要原则和取得用户许可同意的基本条件。

信息的收集在过程上程序合法，在最小成本下有正当的目的，在此阶段电商平台主要有两大问题：一种是随意增加了信息收集范围；另一种是任意获取手机权限过度读取了用户信息。对此法律法规应当具体地依照电商平台的类别和性质对获取个人信息的类别和权限的范围都作出了具体规定，以防止随意增加信息采集范围和擅自开启权限的问题。电商平台也禁止了设置默认开通的方式，对用户的授权，要清楚地告知其使用的目的和有可能产生的风险，不得用技术优势强迫用户开通服务的所有权限，充分保护用户的选择权。

2. 信息存储的确保安全原则

信息的存储需要遵循安全原则，即电商平台要有足够的管理方法和技术手段应对信息所面临的风险，目的是保护用户的个人信息安全。电商平台要对内部管理人员进行安全意识的培训，防止其利用职务售卖用户的信息，侵犯他们的权益。在对于信息的保存时间上，要达成满足使用目的的最小时间，超过时间要删除或匿名化处理，现阶段也需要完善数据存储期限。

（三）约定遗忘义务保护个人信息

约定遗忘义务是一种保护个人信息的重要机制，尤其在电商平台这样大规模收集和处理个人数据的环境中尤为重要。在这个信息爆炸的时代，个人信息的泄露和滥用已成为公众关注的焦点，因此，保护用户数据的隐私权已经成为电商平台的主要责任。

约定遗忘义务是指电商平台与用户之间通过合同或相关条款达成的协议，承诺在一定的条件下删除或遗忘用户的个人信息。这种约定的实施可以确保用户的个人信息在特定的时间或情况下被有效删除，从而避免用户数据被滥用或不必要地保留。

约定遗忘义务能够增强用户对电商平台的信任感。当用户了解到平台已经承诺在一定条件下删除其个人信息时，他们会更加愿意提供真实和准确的个人信息，因为他们知道这些信息不会永远保留在平台的数据库中。这种信任关系有助于建立良好的用户体验和长期的用户关系。

约定遗忘义务也有助于减少数据泄露和滥用的风险。即使电商平台采取了严格的数据安全措施，也无法完全排除数据泄露的可能性。如果平台承诺在合适的时机删除用户数据，即使出现数据泄露，泄露的信息也会尽快失去价值。这对于保护用户的个人隐私和防止恶意行为至关重要。

约定遗忘义务在实践中，平台可能需要在满足法律规定的情况下进行数据保留，或者面临与其他法律权益的平衡问题。此外，确保平台严格履行约定遗忘义务也需要监管机构的有效监督和执法。

在数据保护和隐私保护日益重要的背景下，电商平台应当重视并积极履行约定遗忘义务，为用户提供更安全、可靠的在线环境。

第三节　电子商务中消费者个人信息的处理原则

一、合法性原则

合法性原则是电子商务经营者处理个人信息原则中最基础最重要的，也是一切个人信息处理活动的红线要求，必须一以贯之。

合法性原则是指电子商务服务平台在对消费者个人信息进行处理时，应该在法律法规允许的范围内，采取合法方式和渠道进行，并不得从事危害国家安全、公共利益的个人信息处理活动。该原则内涵主要包括两个方面：

第一，手段合法。电子商务经营者等个人信息处理者在征得消费者同意后，收集、保存、使用个人信息时要用合法的途径方式，不得以欺诈、诱骗、误导的方式处理个人信息，不得隐瞒产品或服务所具有的处理个人信息的功能，并不得从非法渠道获得并处理消费者个人信息。

第二，内容合法。处理的个人信息内容本身如果违反法律法规，那也是不能处理使用的。须知，个人信息内容是处理活动的出发点和基本要素，如果信息记录本身都是不合法的，那么对上述不合法信息处理的合法性也就荡然无存了。

二、正当性原则

正当性原则是指在对消费者个人信息进行处理时，应当具有清晰、明确且具体的目的，不随意扩大或改变目的，并以明确、合理、公开的方式开展处理活动。之所以规定此项原则，主要是针对以"欺诈、误导"等方式处理消费者个人信息的不正当行为。现实中常见的目的不正当和方式不正当现象很多，如，电子商务经营者以添加好友为由申请消费者的通信录权限，从而获取消费者整个通信录信息，进而将所获信息用于商业推广、营销或大数据分析等其他目的。再如，通过赠送红包等方式诱导消费者提供人脸、指纹和身份证号码等信息，从而获取消费者大量的生物特征信息和个人身份信息。

电商平台等消费者个人信息处理主体在处理个人信息时，应保证相关信息更新和准确，以确保个人信息处理目的的正当性。电子商务进入大数据时代后，混杂着不计其数过期、偏差、错误、不实信息的巨量商务数据集聚、移转和使用。电子商务经营者等信息处理主体需要不断对相关信息予以更新，最大限度地保证其准确，才能从海量个人信息中挖掘出具有商业利用价值的信息。否则，过时、错误的信息将影响个人信息的整体价值。

三、必要性原则

在处理消费者个人信息时应力求做到数量触及最少，达到目的后，应及时恢复原状。也即处理个人信息应当具有明确、合理的目的，并应当限于实现处理目的的最小范围，不得进行与处理目的无关的个人信息处理。

收集、使用、保存、删除等个人信息处理活动都需要遵守必要性原则，严格限定在处理目的所必须的范围内。这就要求电子商务经营者对个人信息的收集应限定在最小范围，对个人信息的保存时长应限定在最短时间，对个人信息的使用应限定在最低程度。

然而，在电子商务发展到追求消费者极致体验的新阶段，没有对消费者个人信息的收集、使用等处理活动，是无法实现的。这就产生了一些问题：①"必要"判断标准模糊。一方面，为了满足消费者在电子商务消费中基本需要的信息处理活动自然属于"必要"的信息处理；另一方面，为提升消费者更好消费体验而需要处理的信息，是否为"必要"信息。后者是否违反了"必要性"原则，现有法律法规尚无相关明确规定。②"必要"判断依据未明。对于消费者个人信息处理行为是否符合"必要"标准，是由法律法规或者其他规范性文件提前作出详细具体的界定，还是由消费者个人在每一次具体的消费过程中根据消费场景的差异和消费心理的主观感受来作出判断，也是需要进一步探讨的课题。

同时，必要性原则还体现在对消费者个人信息的安全保障方面。电子商务经营者在对个人信息进行处理时，应做到"谁处理谁负责"，采取足够的技术手段、管理机制等必要措施，以保障所处理的消费者个人信息安全。

第四节　电子商务领域个人信息保护的法律应对

一、完善消费者个人信息侵权责任制度

(一) 调整个人信息侵权之诉举证责任制度

第一，实施侵权之诉举证责任倒置。在消费者个人信息侵害民事诉讼案件中探索适用举证责任倒置制度，消费者举证证明个人信息泄露并发生了损害结果，电子商务经营者等被告需举证证明其个人信息处理行为与损害结果之间不存在因果关系，有效化解消费者因举证难而承担不利后果的问题。

第二，为消费者设置举证责任缓和制度。在个人信息侵权诉讼中，由于电子商务等信息技术专业性强、复杂性高，消费者常常很难在短期内提供自己个人信息受侵犯的证据。采取举证责任缓和制度，可以为消费者提供更充足的举证时间，增加胜诉的概率。当然，在照顾公平的同时，也必须兼顾效率，延长时间应该限定在合理范围。

(二) 健全个人信息侵权赔偿制度

侵害消费者个人信息权益行为从本质上来说是一种侵权行为，应充分考虑侵权损害后果的精神因素，进一步明确规范个人信息侵权民事赔偿标准和相关精神损害赔偿制度，让消费者诉有所赔。个人信息保护领域应考虑建立惩罚性赔偿制度，按相关标准核算赔偿额，给予侵权责任主体以经济威慑，实现个人信息预防性保护目的，抚慰消费者遭受永久性伤害的心灵创伤。同时，建立公益诉讼赔偿款结存公益金制度，将未分配的公益诉讼所得赔偿金存入消费者个人信息侵权救济公益基金，专门用于资助弱势消费者人群的个人信息侵权救济活动。

(三) 建立共同处理个人信息连带责任与高额罚金制度

消费者个人信息权益遭受侵害时，个人信息共同处理主体之间责任划分往往比较困难，如果一味强调按分责任，责任界定期限较长，容易导致诉讼延期，不利于消费者权益保护。应明确个人信息共同处理者对个人信息侵权的损害后果承担连带责任。这种责任承担选择对电子商务经营者等个人信息处理者提出了严格要求，迫使他们在选择合作方时，

务必提前做好尽职调查，否则，可能遭受牵连而承担不利的法律后果。

二、构建消费者个人信息公益诉讼制度

（一）扩大消费者个人信息保护的公益诉讼主体范围

消费者协会不应再局限于省级以上，而应继续扩到市级、县级等基层消费者协会组织。《民事诉讼法》将检察院作为补充公益诉讼主体，可以提起涉及食品药品安全领域侵害众多消费者合法权益之诉。司法实践中，人民检察院提起个人信息公益诉讼多系基于《关于检察公益诉讼案件适用法律若干问题的解释》提起的刑事附带民事公益诉讼，极少将电子商务领域侵害众多消费者个人信息权益纳入公益诉讼范围。因此，有必要进一步扩大人民检察院在消费者个人信息保护公益诉讼的范围。进一步扩大消费者个人信息侵权公益诉讼的主体范围，有助于形成保护公民个人信息权益的合力。但履行个人信息保护职责的部门需要先予以明确。

（二）强化个人信息保护公益诉讼配套制度建设

随着信息技术的迅速发展和广泛应用，个人信息保护、大数据安全和互联网侵权等问题日益凸显。在这些领域，开展公益诉讼具有重要的意义和必要性。为了更好地引导相关公益诉讼工作，建议健全完善个人信息保护领域的公益诉讼配套制度。

首先，个人信息保护是当代社会的重要课题。随着互联网的普及和大数据的广泛应用，个人信息面临着泄露、滥用和盗用等风险。公民的个人信息安全不仅关乎个人隐私权，也关系到社会稳定和公共利益。建立健全个人信息保护领域的公益诉讼配套制度，可以通过法律手段维护公民的合法权益，促进个人信息的安全保护。

其次，大数据安全也是一个重要的议题。大数据的广泛应用给社会带来了巨大的价值和便利，但与此同时也衍生出了诸多安全隐患。大数据的泄露和滥用可能导致个人隐私被侵犯，甚至对国家安全和社会稳定构成威胁。公益诉讼可以成为监督和维护大数据安全的重要手段，通过公益诉讼制度，可以追究泄露和滥用个人信息的责任，倒逼相关企业和机构加强大数据安全管理，从而保护公民的权益和社会的稳定。

此外，互联网侵害公益问题也需要加强公益诉讼的开展。在互联网时代，网络侵权行为层出不穷，包括侵犯知识产权、恶意传播虚假信息、侵犯个人隐私等。这些侵权行为不仅损害了公民的合法权益，也对社会公共利益造成了危害。公益诉讼可以通过追究侵权者

的责任，维护知识产权的合法权益，净化网络环境，提升公众的知识产权保护意识，促进互联网的健康发展。

为了积极稳妥开展公益诉讼，个人信息保护领域的公益诉讼配套制度建设至关重要。这一制度应包括以下要素。

第一，法律框架。制定或完善相关法律法规，明确公益诉讼的适用范围、条件和程序等，为公益诉讼提供法律依据和规范。

第二，组织机构。建立专门的公益诉讼组织机构，负责指导和协调个人信息保护领域的公益诉讼工作，包括案件调查、证据收集和诉讼代理等。

第三，诉讼主体。明确能够提起个人信息保护领域公益诉讼的主体范围，包括相关的政府机构、非营利组织和具有合法权益的个人等。

第四，救济措施。确保公益诉讼取得实际效果，包括判决的执行、赔偿的支付和侵权行为的制止等。同时，要为公益诉讼主体提供必要的法律援助和保障，确保其能够积极参与到公益诉讼中。

总之，健全完善个人信息保护领域公益诉讼配套制度建设对于指导相关公益诉讼工作具有重要的意义。通过公益诉讼，可以保护个人信息安全、维护大数据安全、净化网络环境，促进社会的稳定和可持续发展。同时，这也需要政府、司法机关、非营利组织和公众的共同努力，形成合力，共同推动个人信息保护领域公益诉讼的有效实施。

（三）构建个人信息保护行政公益诉讼制度

维护消费者个人信息安全已经刻不容缓，而行政公益诉讼作为维护国家和公共利益的重要制度，理应发挥应有作用。通过扩大行政公益诉讼的适用范围、完善配套机制和提高实效性，可以推动行政公益诉讼在消费者个人信息保护等更广泛的领域发挥更充分的作用。行政公益诉讼通过发送诉前检察建议，要求负有个人信息保护监管职责的行政机关履行监管职责，从源头上破解监管不到位，堵塞监管漏洞。当侵害不特定多数消费者的个人信息安全事件发生后，检察机关应当厘清各行政机关的职能，通过发送诉前检察建议督促行政机关履行监管职责，推动行业自律。鉴于对社会公众个人信息安全全方位保护，检察建议不仅要重点关注已经出现的严重后果，对可能侵害个人信息安全的隐患问题也要加以重视，建议监管机关采取有效措施，从而实现对公民个人信息安全保护开展有效的前置性预防。

三、健全消费者个人信息保护行政监管制度

（一）明确消费者个人信息保护行政监管责任主体

1. 设立专门保护消费者个人信息的行政监管机构

我国可以设立专门的消费者个人信息保护机构。既可以作为现有网信部门、工业和信息化、市场监督管理、大数据管理的内设机构，也可以单独作为政府工作部门，专门负责消费者个人信息保护的相关职责。具体工作职责可包括：组织研究起草消费者个人信息保护发展战略、宏观规划和相关政策。统筹推进消费者个人信息保护法治建设，负责消费者个人信息保护相关的法规规章的起草、实施工作，研究制定、推动落实消费者个人信息保护领域国家标准并监督实施；依法完善与消费者个人信息保护相关的统计调查制度；负责协调处理消费者个人信息保护重大突发事件与有关应急工作；指导互联网行业自律；指导协调有关部门推进新技术新应用消费者个人信息安全评估；组织拟订消费者个人信息保护领域人才队伍建设工作。

2. 建立消费者个人信息保护工作议事协调机制

为进一步形成保护消费者个人信息的工作合力，单独设立保护机构有困难的，可以考虑成立保护消费者个人信息工作领导小组，由本地政府正职担任领导小组组长，主管副职担任领导小组副组长，工业和信息化、市场监督管理等政府职能部门主要领导担任小组成员。领导小组办公室可设在工业和信息化部门或市场监督管理部门，该部门负责领导小组日常工作，其主要领导兼任办公室主任。

为进一步保障消费者个人信息安全，形成齐抓共管、综合治理、系统集成的工作格局，保护消费者个人信息工作领导小组应当按照"谁主管、谁负责"的原则，严格按照本部门"三定"规定、权力清单和责任清单明确的职能，对市场监管、工业和信息化、大数据管理、公安网监、网络安全和信息化管理等各成员单位的工作职责进行明确分工，确保各项工作执行落实到位。进一步规范领导小组联席会议制度，小组领导要定期召开工作会议，听取消费者个人信息保护方面的工作汇报，并将下一步工作计划和安排传达各职能部门，携手推进消费者个人信息保护相关工作。

3. 开展消费者个人信息保护领域综合执法体制改革

条件成熟的地区，可以结合目前正在开展的各领域综合执法体制改革，以市场监督管

理部门现有消费者权益保护执法队伍为基础，进一步整合市场监督管理、工信、大数据管理等领域执法职责，组建"消费者个人信息保护综合执法局（或个人信息保护综合执法支队）"，为市场监督管理部门所属参公管理的事业单位。消费者个人信息保护综合执法局（或消费者个人信息保护综合执法队）以市场监督管理部门名义实行统一执法，主要承担法律法规明确要求由网络安全和管理部门、工业和信息化、市场监督管理、大数据等部门承担的消费者个人信息保护执法职责，组织协调查处跨地区重大执法案件以及具有重要影响的复杂案件，并对下级执法工作进行监督指导。消费者个人信息保护综合执法局（或消费者个人信息保护综合执法支队）要按照执法重心下移、执法力量下沉的要求，确保人员力量主要用于一线执法，推动执法力量向一线延伸，切实担负起保护消费者个人信息安全的重要职责。

（二）健全消费者个人信息侵权行政监管措施

1. 建立事前审核制度

借鉴"许可制"或"准则制"等监管制度，采用"核准制"的预防性监管制度，要求电子商务经营者在处理消费者个人信息前，必须按规定向监管部门报审消费者个人信息收集范围、保存时限、使用目的，以及个人信息安全应急预案等资料。监管部门只进行形式审核，不进行实质审查，主要通过后期事中监管进行抽查核实。对个人信息处理主体进行定期抽检和随机抽查，及时发现执法漏洞和违法违规苗头，防止侵权损害结果的发生。对于弄虚作假的经营者，一经发现，给予其限制相关市场准入的行政处罚等行政制裁。

2. 完善事中监管制度

以保护消费者个人信息安全为目标，制定科学完善的事中监管制度或方案，明确事中监督检查的对象、内容、方式、措施、程序以及追责处理措施。通过定期公布典型案例的方式，加强个人信息安全普法宣传，提升消费者自我保护意识。探索建立消费者个人信息保护投诉网络端口和热线电话，专门受理征集消费者投诉建议，真正实现消费者个人信息侵权监督关口前移，变事后被动救济为事中主动纠偏，切实构建消费者个人信息安全行政监管保护网。

3. 充实行政执法权限

通过修订部门"三定"规定或者调整部门"权力清单""责任清单"的方式，充实监管部门的职责权限。如，对电子商务经营者处理消费者个人信息的调查权。通过给监管部门工作人员发放执法证的方式，授予其对消费者个人信息侵权责任企业和个人采取行政强制手段的执法权。通过颁发罚没许可证的方式，给予监管部门对消费者个人信息侵权行为进行行政罚款的权限。另外，针对电子商务这一非传统商务业态，行政执法部门要学会改进传统的动辄拘留、查扣等"硬性执法"方式，多探索开展诸如通报、曝光、约谈消费者个人信息侵权责任人及其行为等"柔性执法"方式。

四、规范电子商务行业的个人信息保护自律制度

个人信息保护完全依托政府监管存在市场失灵的风险，在政府监管市场失灵的情况下，自律保护模式或能弥补政府监管缺陷，更好地发挥作用。个坚强有力的行业自律组织往往可以制定出完善的行业规范，并通过行业规范去指引和规范成员的行为。而相关的行业规范也可以在一定程度上填补法律的空白，并为后期法律的制定完善探索出较为成熟的路径。所以，应借鉴自律机制和相关制度，进一步建立健全我国个人信息保护行业自律组织和自律制度规范，出台法律法规和政策积极鼓励电子商务行业加强本行业组织建设和行业规范制定工作。

（一）科学划分政府与自律组织的职责边界

在前期改革的基础上，继续深化"政会分开"改革工作，将政府和电子商务行业自律组织的职能进行科学分离。实现政府的归政府，自律组织的归自律组织。政府应真正担负起监管保障职责，不能把职责抛给自律组织了之，这样才能为自律组织履行职责提供强力支撑，增强自律组织的公信力。如，行政监管部门可以将行业规范有所选择地纳入行政执法监督的范围，或协助行业自律组织开展日常制裁行动，增强行业规范的强制力。行业自律组织也应承担起行业自主管理职责，加强个人信息保护等行业规范制定和宣传，建立违反规范的行业制裁机制等，弥补政府行政监管的不足。

（二）建立高效的行业自律组织

电子商务协会等自律组织应积极适应市场经济发展需要，进一步完善会员代表大会和内部监督制度，最大限度地吸纳电子商务等行业中小微市场主体积极参会和主动监督，提升自律组织参与度和内部管理透明度。参照现代社会组织治理标准，健全组织架构，完善内设机构设置，成立专门的个人信息保护机构。通过完善议事程序、优化运转流程、明确职责边界等方式，精准圈定自身职责定位和职权范围，明确日常管理的重点方向。组建专业化、年轻化、职业化的管理团队，增强个人信息保护、行业自律等人员工作力量，不断

提升自身的独立性和自我管理能力，充分发挥个人信息保护的行业自律作用。

（三）构建完善系统的行业自律规范

通过完善行业自律规范，进一步明确电子商务经营者在收集个人信息时发出提示通知等义务和消费者有权查看个人信息及确保其真实性等权利，并利用同行业彼此良性竞争发挥自律规范的约束作用。同时，建立一套适合我国国情的个人信息处理认证机制，督促电子商务企业及其他个人信息处理行业成员按照自律规范自觉完善企业内部个人信息保护等管理制度，提升个人信息保护技术能力，在维护个人信息主体权益的同时，最大限度地保障行业利益。

五、完善电子商务企业个人信息保护内控制度

（一）建立内部风险预防和排查机制

企业主动建立健全风险防范、风险排查、风险预警、危机公关等机制，不仅可以为用户个人信息安全提供全链条的保护，还有助于为企业赢得良好的口碑和商业信誉，提升数据综合处理能力，从而吸引潜在用户，为未来长期健康发展奠定基础。为了将客户个人信息安全风险最小化，企业首先要做好应用程序清点、职责分工等风险评估工作。做好用户个人信息泄露风险排查，除了企业办公设备外，员工个人的移动办公设备也应该纳入定期排查的范围。当出现用户泄露苗头或先前预兆的时候，企业应主动对内做好沟通预警准备、对外做好协调联络，让政府、社会公众、用户个人提前做好应对准备。当个人信息安全事件已经发生时，要做好危机公关，及时向政府职能部门报告具体情况，向社会公众澄清实情，向用户发出告知信函，并做好止损措施，争取将危害降到最低。

（二）构建个人信息处理协调制度

企业内部一个部门和机构不可能独立完成和运行从收集、使用、删除等各个阶段的信息处理工作，因此，企业需要建立健全个人信息处理协调机制，将涉及用户个人信息保护的财务预算、合规法务、技术保障等部门统筹联动起来。财务预算部门负责统筹消费者个人信息保护相关的资金预算和投入工作；合规法务部门负责对消费者个人信息处理工作的合规性审查和风险控制工作；技术保障部门负责为消费者个人信息保护提供技术支持和运维保障。同时，企业还应注意保持与外界的良好沟通，让用户、监管者乃至社会公众了解

你为数据保护所做出的努力，构造出一个数据守护者的形象，这无疑会有利于企业的长远发展。

（三）建立消费者个人信息安全总监制度

我国电子商务企业可以在企业内部设置消费者个人信息安全总监，明确其职责权限，可以通过"一事一授权"的方式，赋予其最大的决策权和调度权。同时，将消费者个人信息安全总监纳入企业高管层，让其参与企业高层前期决策和后期执行的全流程，充分发挥其事前参谋和事中事后监管的作用。消费者个人信息安全总监可以设为专职岗位或职务，也可以由合规总监或法务总监等企业高管兼任。当然，企业也可以外部聘用消费者个人信息安全总监，甚至多个企业可以共同聘请一名消费者个人信息安全总监。

第七章 跨境电子商务中的消费者权益保护研究

第一节 跨境电子商务及其模式

一、跨境电子商务

跨境电子商务是指分属不同关境的交易主体,通过电子商务平台达成交易、进行支付结算,并通过跨境物流送达商品、完成交易的一种国际商业活动。跨境电子商务是基于网络发展起来的,网络空间相对于物理空间来说是一个新空间,是一个由网址和密码组成的虚拟但客观存在的世界。网络空间独特的价值标准和行为模式深刻地影响着跨境电子商务,使其不同于传统的交易方式而呈现出自己的特点。我国跨境电子商务起步晚但增速快,跨境电子商务及支付也将成为企业新的盈利点。

(一) 跨境电子商务的内容

近年来,网上购物者越来越多,许多商家开始在世界范围内寻觅消费者,以至于全球跨境电子商务市场发展明显增速,跨境电子商务市场潜力巨大。跨境电子商务,其本质是以国际贸易为主体。跨境电子商务脱胎于"小额外贸",这种形式在国内最早始于2005年,主要是交易双方通过互联网达成交易,再通过 PayPal 等第三方支付方式进行支付。由于买家多为个人,交易产品量小、交易金额小,在当时主要通过 DHL、联邦快递等快递方式完成运送,因而形成了一个区别于传统贸易流程的进出口交易方式。

我国跨境电子商务主要分为企业对企业(B2B)和企业对消费者(B2C)两种贸易模式。B2B 模式下,企业运用电子商务在线上以广告和信息发布为主,成交和通关流程基本在线下完成。B2C 模式下,我国企业直接面对国外消费者,以销售个人消费品为主,物流方面主要采用航空小包、邮寄、快递等方式，其报关主体是邮政或快递公司。

近年来，全球跨境电子商务市场增速明显。其中，B2B电子商务模式被全球性的力量所拉动，倾向于全球化，而B2C则倾向于本地化。其原因就在于，B2B主要是跨国公司通过其全球性的供应商、客户和全球分公司来推动电子商务的发展，这反过来促使本地企业也从事电子商务以保持竞争力。相比之下，B2C则被消费者市场所拉动，更多的是本地化、发散化。

因此，虽然消费者都希望购买便利、价格低廉的商品，但是因消费者的偏好和价值观、民族文化、各国的物流体系等的不同，不同国家之间的本地消费者市场呈现出差异化。跨境电子商务的兴起得益于信息通信技术的发展，带来的是消费模式的变化。不可否认，跨境电子商务的发展，对国际贸易产生了一系列影响，从贸易市场、贸易主体、贸易产品、贸易方式、贸易成本到贸易政策和贸易风险，都发生了相当程度的变化。电子商务在促进进出口贸易发展的同时，也增加了一定的贸易风险，并对已有的贸易政策提出了新的挑战。但是，跨境电子商务突破了进出口贸易的传统市场，深化了国际分工，缩短了生产者和消费者之间的距离，优化了全球资源配置；同时，需求者可以掌握商品更多相关信息，具备更广阔的选择空间。突破时空限制，打破区域政策限制，遵循全球贸易法则，有利于形成全球统一市场。

（二）跨境电子商务的特性

1. 全球性

跨境电子商务具有全球性和非中心化的特性，丧失了传统交易所具有的地理因素。网络是一个没有边界的媒介体，依附于网络发生的跨境电子商务也因此具有了全球性和非中心化的特性。互联网用户不需要考虑跨越国界就可以把产品尤其高附加值产品和服务提交到市场。网络的全球性特征带来的积极影响是信息的最大限度的共享，消极影响是用户必须面临因文化、政治和法律的不同而产生的风险。任何人只要具备了一定的技术手段，在任何时候、任何地方都可以让信息进入网络、相互联系进行交易。

2. 无形性

数字化传输是通过不同类型的媒介在全球化网络环境中集中进行，这些媒介在网络中是以计算机数据代码的形式出现的，因而是无形的。数字化产品和服务基于数字传输活动的特性也必然具有无形性。

3. 匿名性

由于跨境电子商务的非中心化和全球性的特性，因此很难识别电子商务用户的身份和其所处的地理位置。在线交易的消费者往往不显示自己的真实身份和地理位置。

4. 即时性

电子商务中的信息交流，无视实际时空距离，一方发送信息与另一方接收信息几乎可以同时完成。电子商务交易的即时性提高了人们交往和交易的效率，免去了传统交易中的中介环节。

5. 无纸化

在电子商务中，计算机通信记录取代了一系列的纸面交易文件。信息以比特的数字化形式存在和传送。用户发送或接收信息时，整个信息发送和接收过程实现了无纸化。

6. 快速演进

互联网的技术在不断迅速发展变化中，基于互联网的电子商务活动也在瞬息万变的过程中不断快速演进，改变着人类的生活。

（三）跨境电子商务对传统国际贸易的影响

跨境电子商务的发展使国际贸易主体出现了重大变化。跨国服务公司导致了信息在全球范围内的加速流动，产生了"虚拟"企业这样一种新型的企业组织形式，向世界市场提供产品或服务。在各自专业领域拥有卓越技术的公司利用现代信息技术进行沟通协作，相互联合形成合作组织，可以更加有效地向市场提供商品和服务，迅速扩大市场范围。

跨境电子商务扩大了传统进出口贸易商品范畴。电子商务使一切可以数字化的产品和大多数服务项目进入了国际贸易领域，尤其一些在传统国际贸易中不可交易或者是由于交易成本太高而难以进行贸易的产品。世界贸易组织积极推进的网络贸易零关税方案，使出口国能充分发挥自身在网络化产品方面的竞争优势，提升外贸竞争力。

跨境电子商务使进出口贸易方式发生变革。电子商务形成了一种现代化的贸易服务方式，这种方式突破了传统贸易以单向物流为主的运作格局，实现了以物流为依据、以信息流为核心、以商流为主体的全新战略。它可以将代理、展销等传统的贸易方式融合，将进出口贸易的主要流程引入网络，为贸易双方提供服务，促进进出口贸易的深入发展，使贸易商品的供需双方可以通过网络直接接触，使得网络信息成为最大的中间商。贸易中间商、代理商和专业的进出口公司的地位相对降低，从而引发了国际贸易中间组织结构的革命。

跨境电子商务的突出优势是降低进出口贸易成本。通过"无纸化"的网络广告可降低促销成本；互联网将产品采购过程与制造、运输、销售过程有机结合降低采购成本；网络直销方式的采用可降低外贸企业的代理成本；标准化、格式化的电子合同、单证、票据等在网络中的瞬间传递，提高了交易效率，降低了签约成本；便捷的网络沟通降低了售后服务成本。

二、跨境电子商务的商业模式

（一）跨境电子商务的基本类型

1. 按照交易主体属性分类

根据交易主体属性的不同，可将交易主体分为企业、个人、政府3类，再结合买方与卖方属性，可将电子商务的类型划分为很多种，其中，又以B2B、B2C、C2C、B2G的提法最多，可将这种分类方式引入跨境电子商务交易。由于目前的跨境电子商务交易尚未涉及政府这一交易主体，因此跨境电子商务可分为B2B跨境电子商务、B2C跨境电子商务、C2C跨境电子商务三类。

2. 按照平台经营商品品类分类

跨境电子商务分为综合平台型、综合自营型、垂直平台型、垂直自营型四类。按照平台型与自营型的分类方式对跨境电子商务进行的划分较为常用，也是大家普遍接受的分类标准。

（1）平台型跨境电子商务的主要特征为：①交易主体提供商品交易的跨境电子商务平台，并不参与商品购买、销售等相应的交易环节；②国外品牌商、制造商、经销商、网店店主等入驻该跨境电子商务平台，从事商品展示、销售等活动；③商家云集，商品种类丰富。平台型跨境电子商务的优势和劣势均比较鲜明。优势表现有：①商品货源广泛而充足；②商品种类繁多；③支付方式便捷；④平台规模较大，网站流量较大。

（2）自营型跨境电子商务的主要特征为：①开发和运营跨境电子商务平台，并作为商品购买主体从海外采购商品与备货；②涉及从商品供应、销售到售后的整条供应链。自营型跨境电子商务的主要优势有：①电商平台与商品都是自营的，掌控能力较强；②商品质量保障水平高，商家信誉度好，消费者信任度高；③货源较为稳定；④跨境物流、海关与商检等环节资源稳定；⑤跨境支付便捷。

3. 按照商品流动方向分类

跨境电子商务的商品流动跨越了国家地理空间范畴。按照商品流动方向划分，可分为跨境进口电商、跨境出口电商两类。我国跨境电子商务交易以跨境出口为主，其中又以跨境 B2B 出口为主要形式。

跨境进口电商指的是从事商品进口业务的跨境电子商务，具体指国外商品通过电子商务渠道销售到我国市场，通过电子商务平台完成商品的展示、交易、支付，并通过线下的跨境物流送达商品、完成商品交易的电商企业；跨境出口电商指的是从事商品出口业务的跨境电子商务，具体指将本国商品通过电子商务渠道销售到国外市场，通过电子商务平台完成商品的展示、交易、支付，并通过线下的跨境物流送达商品、完成商品交易的电商企业。

4. 按照跨境电子商务企业类型分类

企业是商业和市场活动中主要的构成要素，也是表现最为活跃的要素之一，在跨境电子商务交易中扮演着重要角色。随着跨境电子商务的蓬勃发展，越来越多的企业涉足该市场，这些企业来自越来越多的行业，不仅包括传统电商企业，也包括传统互联网企业、零售企业、物流企业等。根据行业背景划分，涉足跨境电子商务业务的企业主要包括以下七类：

（1）全球性电商企业将业务辐射到跨境电子商务业务。

（2）国内电商企业拓展跨境电子商务业务。国内电商企业成立之初，主要经营或辐射本国市场，为实现持续增长或顺应跨境电子商务发展趋势，其经营范围由本国市场扩展到国外市场，从而发展为跨境电子商务企业。

（3）传统互联网企业涉足跨境电子商务业务。

（4）传统行业企业进入跨境电子商务市场。传统企业在电商发展的推动下，不再满足于原有实体渠道，纷纷将触角延伸到电商领域，并逐渐步入跨境电子商务市场，该类企业主要以传统零售业为主。

（5）专营跨境电子商务业务企业。该类企业系为经营跨境电子商务业务而成立的专业跨境电子商务企业，其成立之初就定位于跨境电子商务市场。

（6）物流企业拓展跨境电子商务业务。一些物流企业凭借自身在跨境商务生态系统中的物流资源优势，实现多元化发展，立足于物流网络，进入跨境电子商务市场。

（7）社交网络企业尝试进入跨境电子商务市场。社交网络在跨境电子商务市场中的价值和地位不断提高，特别是年轻消费群体热衷于使用社交网络，为一些社交网络企业提供了发展机会。

（二）跨境电子商务物流与配送

在跨境电商新政实施前，对跨境电商零售进口的商品视为"物品"而非一般贸易的

"货物"进行管理，税收方面对跨境电商零售进口征收行邮税，而非一般贸易的关税、增值税等，且应征税额低于人民币50元可以免征。我国陆续设立宁波、郑州、上海、重庆、杭州、广州、深圳、福州和平潭等9个跨境电商进口试点城市。这些城市皆可开展网购保税进口业务，即"跨境零售进口直邮模式"和"跨境零售进口保税备货模式"。

直邮模式是指国内消费者在电商网站购买境外商品后，由电商海外仓库直接发送包裹，邮寄给国内消费者；保税备货模式则指电商企业从境外集中采购货物，运至国内海关特殊监管区域内备货，国内消费者从其网站购买商品后，电商直接从海关特殊监管区发货，送达消费者手中。这两种模式的跨境商品在"一线"进区时无须验核通关单，也无须缴税，在"二线"出关时才需要电商企业向海关系统发送"物流信息""订单信息"和"支付信息"，同时进行清单申报和缴纳行邮税。政策的宽松使得跨境零售进口获得了爆发式增长。

1. 跨境电子商务直邮物流模式

直邮主要分为EMS直邮、个人快件和BC直邮三种模式。

（1）EMS直邮。EMS的好处是速度相对较快，也比较稳定。对跨境电子商务来说比较关键的一点就是，除了抽查，基本上是不用缴税的。

EMS也分不同种类，如，日本邮政、韩国邮政、新加坡邮政等。不同地区的EMS有着各自的政策，比如，有的物流服务商就将商品发到香港特区或中国台湾邮政，再利用两岸的相关政策得到一些优惠。

（2）个人快件。个人快件原则上是海外的个人发给国内的个人，用于自身使用的物品，因此这些物品都不需要备案，也不会受到正面清单的约束，这也是个人快件最主要的特点。但个人快件的税率很高，虽然有50元的免征额度，但综合来说依然比跨境电子商务综合税高得多。此外，个人快件清关很不稳定，会使消费者的体验大打折扣。

（3）BC直邮。BC直邮又称保税直邮，是国家主推的一种方式。它相对较快也较稳定，并且合法合规。但每一单都必须缴税，需要进行备案，并受到正面清单的限制。

对于中小平台和卖家来说比较头疼的一点，是BC直邮必须与海关进行系统对接，进行物流、支付和订单的比对。这里面的技术问题是必须要解决的。

但BC直邮在各个口岸都有一些专业的公司提供相关的对接服务，如菜鸟、京东等。它们的系统已经与海关进行了对接，可以让平台上的卖家或者中小型的平台直接使用BC直邮。这也帮助国家征收到更多的进口税，有利于行业的发展。

2. 跨境电子商务海外仓物流模式

海外仓物流模式是指跨境电子商务平台运营商、第三方物流公司独自或共同在本国以外地区建立海外仓库，卖家将货物通过传统外贸方式采用海运、空运等形式运输并存储到国外仓库，当海外买家网上下单购买商品时，卖家通知国外仓库对商品进行分拣、包装、派送。这种方式一是可采用运费较低的海运运输，提早将货物储存于海外仓库，节约了物流成本；二是使本需从本国发送的货物直接从海外仓库配仓运送，一般情况下从发货到收货只需 1—3 天，大大缩短了物流时间。但并非所有货物都适合海外仓方式，一般销量好、周转快的商品较为适合，否则容易出现压仓的情况。

此外，使用海外仓储方式，需要提前备货仓储，占压卖家资金，增加仓储费用。建海外仓成为跨境电子商务的发展趋势。近年来，迅速兴起的海外仓使跨境电子商务在海外市场提供本土化服务成为可能，并将成为推动跨境零售出口加速发展的新动力。对从事跨境零售出口的卖家来说，以往大多通过类似国际小包快递方式，将货物快递给国外消费者，这种方式的缺点非常明显，费用贵、物流周期长、退换货麻烦，还有各种海关查扣、快递拒收等不确定因素，由此造成客户体验差，长期下去还会限制卖家扩张品类。

解决小包物流成本高昂、配送周期漫长问题的有效方案，就是在海外设立仓库。海外仓的本质就是将跨境贸易实现本地化，提高跨境卖家在出口目的市场的本地竞争力。通过使用海外仓，中国卖家将在提高单件商品利润率、增加销量、扩充销售品类、降低物流管理成本、提升账号表现等方面得到显著提升，这最终还将促进跨境电子商务产业由价格战逐渐变成良性的服务竞争。

跨境电子商务出口零售未来一定是"海外仓+自营"，把仓储建到目的国去，通过一般贸易、集装箱把主要货物拉到海外仓库，当网上消费者下单之后，通过当地物流配送直接送给消费者，这样可以显著降低物流成本。

3. 跨境电子商务物流配送方式

跨境电商卖家业务开始有订单时，首要考虑的问题就是选择哪种快递物流模式把货发到国外去。一般来讲，小卖家既可以通过平台发货，也可以选择国际小包等渠道。但是大卖家或者独立平台的卖家，需要优化物流成本，考虑客户体验，整合物流资源并探索新的物流模式。

（1）邮政小包。邮政小包是万国邮联邮政产品体系中的一项基本业务，即通过万国邮联体系采用个人邮包方式收发、运送货物。我国跨境电子商务中多数业务使用邮政小包配送，常用的有中国邮政小包和新加坡邮政小包，其中，中国邮政小包占业务量的一半左右。借助基本覆盖全球的邮政网络，邮政小包的物流渠道能延伸到全球各主要城市，这是其最大的优势。另外，中国邮政为国有企业，享受国家税收补贴，虽然随着近年政策的调整，运费价格在不断上涨，但相比国际快递等物流方式，其运价相对低廉。

（2）国际快递。国际快递方式主要是指由 FedEx（联邦快递）、UPS（联合包裹）、DHL（敦豪）、TNT4 大跨国快递公司提供的全球快递物流服务。这些国际快递公司拥有自己的运送机队、车辆，设有地区航空中转站，签约有服务机场，在全球主要城市自建投递网络，配以现代化的信息管理系统支撑，具有信息传递失误率较低、丢包率低、能时时进行邮件跟踪、配送速度快、服务较为完善等优势。但国际快递的收费较高，特别是到偏远地区的费用更是昂贵。除非客户对时效性要求较强，一般使用国际快递方式运输的跨境电子商务很少。此外，国际快递主要采用航空运输，对商品的要求也比较高，不适航空运输的商品，如含电类商品就不能采用国际快递。目前，国际快递在跨境电子商务物流中所占份额相对较小。

近年来，我国国内快递公司也开始积极开拓国际市场。我国邮政的 EMS 业务，属于万国邮联管理下的国际邮件快递服务，依托邮政网络，可直达全球多个国家，并且在航空、海关等部门享有优先处理权，通关能力较强。顺丰、韵达等快递公司，近年逐步开通了到美国、日本、新加坡等国家的快递服务。国内快递公司的跨国业务，优势在于费用较国际快递低廉，速度比邮政小包要快。

（3）专线物流（含铁路专线）。跨境专线物流是针对某一国的专线运输，其主要是采用航空包舱的方式将商品运送到国外目的国，再通过目的国合作公司送达目的国终端客户。其优势是通过到同一目的地的规模运输使运费较国际航空快递便宜，丢包率较低，通关服务专业效率高。时效性较国际快递稍慢，始发国机场到目的国机场的物流速度较快，但邮件到达目的国后最终派送到终端客户手中的时间受目的国合作公司效率的影响。专线物流国内发货时间基本固定，若终端客户所在地较远，合作公司网点不完善，容易出现最后"一公里"运送延误。

同时，由于专线物流覆盖地区有限，当到某一国家或地区的货物较多时，可开通专线物流，以集中运输。我国市场上最多的专线物流目的国也是我国主要贸易伙伴国，如美国专线、欧洲专线、澳洲专线、俄罗斯专线等。跨境电子商务若专注于某国市场，可以选择专线物流。

跨境铁路专线方面，我国于 2010 年和 2013 年分别开通了"渝新欧"国际货运铁路专线和"郑欧班列"，从我国重庆、郑州始发，经西安、兰州、乌鲁木齐，从新疆阿拉山口出境，再经哈萨克斯坦、俄罗斯、白俄罗斯、波兰等国，分别到达德国的杜伊斯堡和汉堡。国际货运铁路专线的开通，加之我国海关给予的通关便利，大大缩短了我国到欧洲的距离和成本，并且适用于大体积、大批量货物的运输。以郑欧班列为例，途经五国，全程运行时间为 16—18 天，与邮政小包物流时间相差无几，比海运节省 20 天左右的时间，费用是航空运输的 1/3。

（4）海外仓储物流。海外仓储服务指为卖家在销售目的地进行货物仓储、分拣、包装和派送的一站式控制与管理服务。确切来说，海外仓储应该包括头程运输、仓储管理和本地配送三个部分。

4. 跨境物流海关检验检疫

（1）海关清关。清关即结关，是指进出口或转运货物出入一国关境时，依照各项法律法规和规定应当履行的手续。只有在履行各项义务，办理海关申报、查验、征税、放行等清关手续后，货物才能放行，货主或申报人才能提货。同样，载运进出口货物的各种运输工具进出境或转运，也均需向海关申报，办理海关手续，得到海关的许可。货物在结关期间，无论是进口、出口或转运，都处在海关监管之下，不可自由流通。

（2）跨境电子商务清关模式。跨境电子商务的清关模式主要有以下三种。

第一，集货清关（先有订单，再发货）。商家将多个已售出商品统一打包，通过国际物流运至国内的保税仓库，电商企业为每件商品办理海关通关手续，经海关查验放行后，由电商企业委托国内快递派送至消费者手中。每个订单附有海关单据。其优点是灵活，不需要提前备货，相对于快件清关而言，物流通关效率较高，整体物流成本有所降低（对于行邮清关来说，集货模式不需要商检）。

第二，快件清关确认订单后，国外供应商通过国际快递将商品直接从境外邮寄至消费者手中，无海关单据。其优点是优点灵活，有业务时才发货，不需要提前备货。

第三，备货清关（先备货，后有订单）商家将境外商品批量备货至当地的保税仓库，消费者下单后，电商企业根据订单为每件商品办理海关通关手续，在保税仓库完成贴面单和打包，经过清关后发货给消费者。这种模式的优点是能够提高商品的供应速度和交付效率。在境外商品备货阶段，商家会根据市场需求和销售数据预测，将热门商品或常销商品批量备货至当地的保税仓库。这样一来，当消费者下单后，商品已经位于当地，无须再等待国际运输时间，可以快速发货。

第二节　跨境电子商务中消费者权益
保护的法律关系

一、法律主体的确定

依据《电子商务法》规定，电子商务经营者包括电子商务平台经营者、平台内经营者及电子商务消费者。这一界定同样适用于跨境电子商务活动中。

跨境电子商务活动中通常也都存在着电子商务平台经营者、平台内经营者以及电子商务消费者三个主要的法律主体。由于跨境电子商务具有涉外性和跨区域性等特点，跨境电子商务全环节中尚包括跨境物流和跨境支付等主体，但是跨境物流和跨境支付本质上还是从属于电子商务平台经营者或者平台内经营者。换言之，对于消费者而言，无论是跨境物流还是跨境支付，均系电子商务平台经营者或者平台内经营者的义务涵盖范畴。对此，我国《电子商务法》第 20 条提供了相应的规范基础。

(一) 跨境电子商务中平台经营者分类

跨境电子商务平台经营者发挥着商品展示、信息交流、价款支付等功能，是连接消费者与电子商务平台内经营者的核心主体。跨境电子商务平台经营者其实是指跨境电子商务平台企业，根据运营方式和内容的不同，主要包括第三方电子商务平台和自营型电子商务平台。

在第三方电子商务平台中，平台经营者不直接从事电子商务经营活动（商品采购、销售等），其主要任务在于流量挖掘、招商服务和购物体验提升等方面。尤为重要的是，平台经营者需要提供安全可靠的跨境支付和跨境物流等服务，这也是其义务内容。

在自营型电子商务平台中，跨境电子商务平台服务的相关内容与提供商品合二为一。自营型电子商务平台不仅仅需要提供第三方电子商务平台所涉及的内容，还需要对跨境电子商务活动中的全环节供应链负责。自营型电子商务交易模式，其实归属于 B2C 模式，根据销售的内容多寡又可以细分为综合自营型跨境电商与垂直自营型跨境电商。

(二) 跨境电子商务平台内经营者的范围

我国《电子商务法》明确规定电子商务经营者是指通过互联网等信息网络从事销售商品或者提供服务的经营活动的自然人、法人和非法人组织。根据该法之立法目的以及具体规定，C2C 模式下的自然人商家也应当纳入电子商务经营者的范围内，肯定其电子商务平台内经营者的法律地位。这是由于在跨境网络购物这一过程中，由于跨境电子商务的特性消费者在交易过程中的弱势地位格外明显，因此应当给予消费者权益的倾向性保护，加大保护力度，此时认定自然人商家的市场主体地位，可以将其纳入法律对市场主体的规制范围以充分地规制其交易行为，不再使其处于法律真空下，这是有利于消费者在其合法权益遭到侵害后也能够依据法律规定维护自身权益，实现有法可依。

传统海外零售贸易主要是通过海淘或者代购的方式进行。海淘是指在互联网上获取商品信息后以电子订单形式发出购物需求，由网站经营者通过国际快递的方式交付商品；而代购主要是通过身处海外的个人从当地购买客户需求商品，通过快递或者自己带回国内交付。海淘与代购是跨境电子商务发展的雏形。但当前比较成熟的跨境电子商务活动中，主要通过平台进行商品的选购，海淘网站经营者和代购主体纷纷入驻跨境电子商务平台，至此，海淘网站经营者以及代购主体逐渐成为跨境电子商务平台内经营者。

综上所述，通过入驻电子商务平台即可成为跨境电子商务活动中的平台内经营者，也就应当履行《电子商务法》所确立的电子商务平台内经营者义务。跨境电子商务平台内经营者应当将自然人囊括在内，以实现对消费者权益的充分保护。

（三）跨境电子商务中消费者群体的扩张

在电子商务交易过程中，消费者作为电子商务的终端需求方，是整个交易过程中的重要主体。消费者在《电子商务法》中被称为电子商务当事人。之所以电子商务交易法律关系中采用电子商务当事人这一更为广泛的概念肇因于《消费者权益保护法》中"消费者"概念内涵和外延均较窄，以至于无法完全满足在电子商务交易过程中保护买方，即广泛意义上的消费者的需求。按照《消费者权益保护法》的规范目的，其所保护的消费者仅指代自然人，且必须是为生活需要而购买、适用商品或接受服务的自然人，那么法人、非法人组织甚至非为生活需要而从事上述交易行为的自然人即使在跨境电子商务平台上实施交易行为也因主体不适格而无法在合法权益遭受侵害时获得法律救济。

然而，在跨境电子商务交易过程中由于电子商务交易的特殊属性加之跨境所带来的较高风险、维权难度增加等原因导致上述人群在交易过程中同样处于弱势地位，需要倾向性保护，因此使用电子商务当事人这一概念，从而将传统法律意义上的消费者以外的其他在跨境电子商务平台购买商品或接受服务的法人、非法人组织及其他自然人纳入保护范围，符合我国《电子商务法》的立法宗旨及价值追求。概言之，跨境电子商务活动中的消费者的范围不限于《消费者权益保护法》中狭义的"消费者"，所有从事跨境电子商务活动的消费者均在此列。

二、跨境电子商务中的权利与义务

（一）跨境电子商务中的平台经营者的义务

1. 采取必要措施的义务

采取必要措施的义务规定在《电子商务法》第38条第1款，该条明确要求平台经营者负有及时采取必要措施的义务。这一点与我国《消费者权益保护法》和《民法典》侵权责任编的规定一脉相承，这是由于在电子商务纠纷中消费者的维权难度大于在一般消费活动中合法权益受损，此时消费者处于明显的弱势地位，此时平台经营者采取必要措施阻止平台内经营者的侵权行为是保障消费者合法权益的最直接也最有效的措施，若在损害发生后平台经营者不及时履行该义务，消费者由此所受损害程度难以预估。

2. 审核义务

《电子商务法》规定了平台经营者的审核义务，要求平台经营者针对关系到消费者生命健康的产品或服务对平台内经营者进行资质审查，若未尽到审核义务，造成消费者损失要承担相应的责任。此时平台经营者相对于平台内经营者而言，在一定程度上处于监督管理者地位，实质上，这是公权力的让渡而产生的义务。

虽然平台经营者在整个交易过程中作为交易平台和技术服务提供者，似乎应当处于中立地位，但是实际上平台经营者开展平台经营活动系以营利为目的，在经济利益的驱使下可能导致平台经营者常常无法保持中立地位。电子商务平台的非中立性主要体现在消费者在平台内购买商品时所使用的站内搜索。电子商务平台的站内搜索业务并非"自然排名"，而是一种所谓的"竞价排名"。申言之，平台内经营者通过向平台经营者支付相应价款使得其在被用户键入关键词检索时优先出现在检索页面。而且价款的高低直接决定着检索的排名情况。

但是，网络消费者通常选择的是信用优、质量好、价格合理的平台内经营者，相反地，平台经营者考虑的则是平台内经营者付费的多寡，显然双方利益追求并不一致，甚至平台经营者与平台内经营者一同站在消费者的对立方，更严重的是，平台经营者利用其技术优势、信息优势操纵排名这一事实很难为消费者所察觉，其合法权益无形中已经遭到侵害。可见，平台经营者在整个电子交易过程中并非绝对中立的第三方地位，且事实上与平台内经营者利益追求相同，故其行为对消费者合法权益确有侵害之危险。

此外，依据《电子商务法》规定，平台经营者在交易双方发生纠纷时还要担任裁判者的角色，平台一般会发布一系列的《争议处理规则》、《评价规则》、《纠纷处理总则》等或在《服务协议》中约定争议解决的格式条款，由于平台的纠纷处理机制便捷、快速，在该平台进行交易的平台内经营者和消费者都倾向于以平台相关争议解决规则处理纠纷，尤其对于消费者而言，平台的争议处理解决规则是他们首先使用的甚至唯一能够使用的维护自身合法权益的武器，此时平台在事实上具备了准裁判者的身份。综上可知，法律规定平台经营者对平台内经营者的审核义务是符合法理的。

3. 安全保障义务

《电子商务法》所规定的安全保障义务，该款规定平台经营者对消费者应当履行安全保障义务，履行范围为关系消费者生命健康的商品或服务，未能尽到安全保障义务，造成消费者损害的，依法承担相应的责任。该义务之法理基础为社会活动安全注意义务，电子商务兴起后从实物领域延伸到网络领域，为许多国家于电子商务立法中所引进，我国《电子商务法》中也是由此引申规定了平台经营者的安全保障义务。该义务不同于第一款规定的采取必要措施的义务，后者是一种事先预防的义务，不仅要求电子商务平台经营者不仅要审查电子交易活动是否违法，还要事先判断消费者的合法权益是否存在被侵犯的危险，并采取有效的预防措施。

（二）跨境电子商务中平台内经营者的义务

跨境电子商务中平台内经营者并不必然是产品的生产者，但是肯定是产品的销售者。因此，按照《民法典》侵权责任编、《产品质量法》的相关规定，平台内经营者作为商品的提供方和购销中间人，除了其需要负前述平台经营者承载的义务之外，其核心义务为保证产品质量的义务。

产品质量是平台内经营者应负的首要义务。平台内经营者需要防止产品变质、腐烂或者降低、丧失使用性能，销售的商品应当符合保障人身、财产安全的要求，不得销售质量有瑕疵或者缺陷的产品。一旦违反前述义务，将承担侵权责任或者违约责任等不利后果。

（三）跨境电子商务中消费者的权利

在跨境电子商务中消费者享有基于《消费者权益保护法》的消费者《电子商务法》中当事人所享有的权利。虽然核心权利类型并无二致，但是权利的具体内容却存在差异。具体而言，主要包括以下权利。

1. 跨境电子商务中消费者的安全权

电子商务平台经营者或者平台内经营者应当对消费者购买商品的安全权提供基本保障。安全权主要包括人身安全权、财产安全权和信息安全权。人身安全权是指，消费者有权就商品对人身造成任何损害时向相关义务主体主张侵权或者违约责任的权利。财产安全权是指消费者的财产不因电子商务活动而遭受侵害的权利，具体包括两方面的内容：安全的网络支付环境和商品不能造成消费者其他财产损害。信息安全权主要是消费者在跨境电子商务中的个人信息（包括个人身份信息、购物信息等）不受非法泄露的权利。

2. 跨境电子商务中消费者的知情权

在跨境电子商务中，由于平台对平台内经营者主体资格要求的参差不齐，容易导致消费者对于平台内经营者的身份信息、经营资质、信誉、商品或者服务的内容等均存在信息上的严重不对称，消费者的知情权意味着消费者有权要求平台经营者以及平台内经营者提供真实的商品评价和商品信息。

3. 跨境电子商务中消费者的公平交易权

在跨境电子商务活动中，消费者有权获得质量保障、价格合理、计量正确的公平交易条件，这也是《消费者权益保护法》赋予普通消费者的基本权利。但在跨境电子商务活动中，由于涉外经营主体的存在，消费者难以通过寻求国家行政主管部门的直接救济而更加突出了这一权利的重要性。

4. 跨境电子商务中消费者的无因退货权

在欧盟制定的《远程合同指令》中就曾明确提出消费者在一定期限内解除合同无需说明原因，美国颁布的《计算机信息交易统一法》也有类似规定，这其实被我国《消费者权益保护法》的网络购物 7 日无理由退货制度所借鉴。相较于普通的电子商务交易，跨境电子商务交易在商品真实信息与网络信息的差异更加明显，为了保障消费者的合法权益，应当突出跨境电子商务中消费者的无因退货权。

第三节　跨境电子商务中消费者权益
保护的对策

造成跨境电子商务中消费者合法权益遭受损害且无法获得有效救济，其原因是复杂的，系各种因素交织的结果。因此，在研究如何对跨境电子商务中消费者权益保护时需要从不同的主体角度分析。具体而言，从立法的角度，要明确跨境电子商务经营者的信息披露义务和加强个人信息保护；从司法机关的角度，需要加强对格式条款的司法审查和惩罚性赔偿制度的适用；从行政机关的角度，建立健全相关机制，加强反垄断审查；从社会层面，可以通过建立健全 ODR 机制，为跨境电子商务消费者权益保护提供更为便捷有效的救济渠道。

一、立法层面的对策

（一）明确电子商务经营者信息披露义务

我国《电子商务法》明确要求电子商务平台建立平台内经营者的信用公示制度，这为电子商务消费者的知情权奠定了夯实的基础。而跨境电子商务交易作为电子商务交易中的一种特殊形式，当然为该项法律规定所制约。信用公示制度的构建从另一个角度来看，就是对平台内经营者信息披露义务的要求，这在跨国性凸显的跨境电子商务交易中显得尤为重要。

根据对域外相关领域的研究发现，实践中许多国家和地区对经营者的信息披露义务已经有了相对完善的规定，欧盟《电子商务指令》对于经营者的信息披露的相关严格要求。另外，欧盟、美国和日本都对所披露信息的真实性和准确性进行了要求，《欧洲数字服务法案》要求网络平台要对用户发布的内容负责；日本对披露虚假信息的行为也明确规定了相应的惩罚措施。

借鉴域外相关成熟经验，并结合我国实际情况，对于我国跨境电子商务平台内经营者，应当明确规定其信息披露的内容、范围、方式和法律后果。披露范围应当包括但不限于经营执照、法定代表人及其实际经营住所地，平台内经营者若为自然人，也至少应当披露其从事经营活动的实际所在地以及相关个人身份信息；对所售商品信息的披露内容应当至少包括商品的产地、使用方法、质量安全标准（应当同时符合产地及我国的质量安全标准）、生产日期、保质期等对电子商务消费者最终购物选择起到影响作用的相关信息。

（二）健全对消费者个人信息的保护规则

虽然跨境电子商务经营者尤其平台内经营者因交易需要，确实需电子商务消费者提供个人信息。但是这类个人信息对于消费者而言通常是重要的个人信息，而在跨境电子商务平台交易过程中留存的消费者个人信息的泄露多源于电子商务经营者的保管不当甚至"监守自盗"。虽然电子商务中必然伴随的信息技术手段不稳定、平台安全系统漏洞等问题对电子商务经营者而言也是较大的难题，但是消费者确是应跨境电子商务经营者的要求而提供了自己的重要个人信息，对此跨境电子商务经营者应当对因其先行行为产生的消费者信息泄露等风险负责，防止该风险的发生；另外，跨境电子商务经营者，尤其跨境电子商务平台经营者，相较于消费者而言具有强大的信息技术优势和经济能力支撑，这足以要求其不断完善相关技术，保障平台系统的安全，这也是其作为交易平台提供者对于平台的安全与平稳运行应当负的当然义务。

因此，应当明确规定跨境电子商务经营者对收集到的电子商务消费者的个人信息的妥善保管义务。当发生消费者个人信息泄露的时候，在经过当事人申请或有关部门主动审查后，应当对相关责任主体予以处罚，对于恶意泄露的应当依法严惩，必要时根据危害结果的大小及危害程度追究其刑事责任。在无法确认责任主体时，跨境电子商务平台经营者因其法律地位带来的法律责任以及法定的审查义务，其平台内发生的相关现象有理由归咎于平台经营者未忠实履行义务；且平台内经营者作为消费者个人信息的直接接收者及主要的利益相关者，基于双方交易合同也应当保护消费者的个人信息。综上所述，双方应当对该损害承担连带责任。

虽然我国《民法典》将个人信息明确纳入保护范围内，但是有关个人信息保护的具体条款散落在《民法典》《消费者权益保护法》《网络交易监督管理办法》及《关于加强网络信息保护的决定》《电信和互联网个人信息规定》等多部法律法规中。综合上述法律法规中的规定，我国对明确规定了网络经营者和服务提供者应当在取得消费者允许后收集、使用消费者的个人信息，并应当遵守相关规则确保消费者的个人信息不受损害。若不当使用消费者个人信息应当及时采取救济措施。可见我国逐步在立法上落实了对消费者个人信息的保护。

然而，上述规定分散于各个法律法规中，真正发生纠纷时，尤其对于消费者而言寻求法律救济难度大，且相关条文之间没有明显的逻辑联系，不能形成对个人信息的体系化保护，因此应当加快我国《个人信息保护法》的立法进程，在立法中对跨境电子商务消费者的个人信息的特殊性进行充分考虑，将其作为特殊保护对象加以规制，以弥补消费者在跨境网络交易过程中由其弱势地位所带来的缺陷，为其在整个跨境网络交易过程中提供法律支持。

二、司法层面的对策

（一）加强对格式条款的司法审查

电子商务交易中的格式条款因为对一些重要事项进行了事先约定，这是整个电子商务交易过程得以简便快捷完成的必要方式。但是，由于格式条款制定者与消费者之间的利益追求不同，出于趋利避害的本能目的有极大可能在条款内容中最大程度地强化自己的权利，排除或者限制对方权利，规避自己的责任，这样的格式条款的签订也成为了日后发生纠纷时消费者维护自身合法权益的一大障碍。虽然我国《消费者权益保护法》第 26 条对格式条款进行了相关规定，但是一方面该条文并未明确违法律规定时应当承担怎样的法律责任；另一方面对于该条款能否适用于跨境电子商务交易过程中在实务中仍存在争议。

但跨境电子商务交易只是网络交易过程中的一种特殊形式，除了形式上的鲜明特性以外，其运行机理及本质与一般情形下的交易并无根本性差异，故该交易过程中的电子商务消费者也应当属于我国《消费者权益保护法》的保护范围内，这也符合我国《消费者权益保护法》的立法宗旨。至于对跨境电子商务交易过程中的格式条款的规范，对于跨境电子商务经营者制定明显不公平的、损害消费者合法权益而规避自己的法律责任的格式条款的行为，应当明确上述行为所产生的法律后果，而对于格式条款效力的判断标准应当比照于一般交易过程中所产生的格式条款的效力判断原则。

第一，若格式条款中明显减少甚至免除经营者一方的义务或加重消费者的义务，则该条款应当因不符合公平原则直接被认定无效。

第二，应当电子商务经营者事先订立格式条款应当以足以使电子商务消费者注意到的醒目的方式进行标注，并对该格式条款进行详尽的解释和说明以确保消费者能够理解，若未履行上述提示义务及说明义务，并因此误导消费者购物选择的，应当认定该格式条款无效，由此带来的法律后果及责任仅由电子商务经营者一方或平台经营者与平台内经营承担连带责任。

第三，对平台内经营者自行向消费者提供的格式合同，跨境电子商务平台经营者应当事先予以核实审查，防止平台内经营者制定明显不公平的条款减少或免除自己的义务，或对消费者不利，保证条款能够为作为一般社会人的消费者所知悉并明晰其内涵，若因平台经营者怠于履行该审查义务导致消费者因格式条款而利益受损，平台经营者应当与平台内经营者对消费者承担连带责任。

（二）加大惩罚性赔偿力度

惩罚性赔偿是指在赔偿受害人损失的基础上，按照一定标准额外支付赔偿数额。消费者领域的惩罚性赔偿制度是法律对消费者的倾斜保护和对经营者的惩治。以此威胁或警告其他经营者诚信经营，不得侵害消费者的合法权益。我国消费者权益保护法和食品安全法等法律中规定了常见的"退一赔三"或"退一赔十"的惩罚性赔偿标准。因此，对于跨境电子商务平台内经营者而言，在主观上构成"明知"时，即构成销售欺诈，则需要承担惩罚性赔偿责任。

三、行政层面的对策

在我国实施经济新引擎战略的背景下，我国跨境电子商务平台内经营者的准入门槛设置不高。经济学专家也指出，跨境电子商务交易需要在经济发展中发挥新引擎的作用，鼓励社会大众积极参与，拉动整体国民经济的增长。因此，近年来跨境电子商务交易凭借政策优势及便捷、迅速的自身特点成为越来越重要的跨境购物模式。然而，由于跨境电子商务兴起时间晚、发展速度快，加之准入门槛低，跨境电子商务平台内经营者队伍日益庞大，尤其以个人代购形式从事交易活动的平台内经营者更是连相关营业执照都不具备，许多不法分子更是混入其中谋取不法利益。可见，相关行政部门发挥其职能，行使其职权，建立健全跨境电子商务市场的准入制度及电子商务平台经营者的资格认证制度，对于跨境电子商务交易市场的平稳运行十分必要。

（一）加大电子商务平台内经营者市场准入的监管力度

市场主体得以进入场，最基础的两个条件就是符合该领域的市场准入门槛以及完成市场主体工商登记，符合市场主体的资格认证。由于我国现行《电子商务法》中明确规定了跨境电子商务平台内经营者的工商登记义务，义务主体包括以代购形式从事交易活动的自然人。

根据我国跨境电子商务交易现行运行模式，商家向跨境电子商务平台提交申请，经过平台的审查即可入驻平台开始进行交易。出于对市场成本的考量及电子商务交易便捷性的要求，由工商行政部门代替跨境电子商务平台完成信息核查工作显然不符合现实。但是，工商行政部门可以根据其职权以及专业性对电子商务平台的准入相关审核内容进行规定，尤其针对以代购形式进行交易活动的自然人的审核。根据《电子商务法》的规定可知，符合条件的自然人也应当依法办理工商登记，这是其成为跨境电子商务交易市场主体的必要条件，平台应当根据相关行政部门的要求予以严格审查，毫无例外。

另外，对于自然人的姓名、住址、身份证件信息等足以识别个人的重要个人信息，平台也要进行审查，保证上述信息的真实性和准确性。而对于平台经营者的履行义务情况，工商行政主管部门等相关行政部门可以在因平台内经营者利用虚假信息进行交易活动最终给消费者造成损害，或消费者在遭受损害后无法确认交易对方主体时利用其行政权限，经消费者申请或依职权主动介入纠纷，审查平台经营者的事先审查义务的履行情况，对于无法提供确切证据证明自己无需承担责任的跨境平台经营者，行政部门利用行政职权对其予以与平台内经营者的连带处罚。这正是在尊重跨境电子商务平台经营者在行政部门的规定下合法自主经营，但其经营及相关义务履行情况又受到行政部门监督管理的生动体现，不仅尊重了跨境平台经营者的市场主体地位，而且降低了行政成本及监督管理难度，但又同时大大优化了监督管理的效果，使行政部门能够在电子商务消费者合法权益在相关问题上受到侵害时能够做到有的放矢，切实维护消费者的合法权益。

（二）建立完备的定期核查制度

相关行政部门可以要求跨境电子商务平台经营者在平台内建立定期核查制度，以固定时间为周期，对差评较多、综合评分较低的商家，要求其在一定期间内进行整改，没有合理理由在期限内未能达到整改要求的平台内经营者，应当取消其在该平台继续交易的资格。若平台经营者在核查过程中怠于履行其职责或是有包庇行为，则该平台内经营者对消费者造成的损失则由平台连带承担赔偿责任，且应当对平台经营者的此种行为另行行政处罚，并将相关信息予以公布，弥补消费者在此类情形下信息不对等的现象。这也是在给予跨境电子商务平台经营者经营自主权的前提下对其进行合法合理审查监督的重要体现之一。

（三）建立第三方信用评价机制

工商行政主管部门可以建立第三方信用评价机制，由工商行政主管部门指定跨境平台经营者及平台内经营者之外的符合资质的第三方评价机构，以定期普查、定期抽查、不定期普查或不定期抽查等多种方式择一或综合采用上述方法，对平台内经营者的相关营业资质进行独立的形式性及实质性的审查。上述经营者进行的定期核查结果可以成为第三方机构进行审查时的参考数据之一，若存在大批不符合要求的平台内经营者时，对平台经营者也要追究相应的行政责任。原因在于，之所以出现一批平台内经营者资质不符的结果，有合理理由怀疑作为主要核查义务主体的平台经营者未忠实履行核查义务或在后续定期核查中结果造假等。

（四）加强反垄断和反不正当竞争审查

如前所述，在跨境电子商务活动中，容易形成具有市场支配地位的电子商务平台经营者。但这不仅破坏电子商务活动秩序，也最终给消费者造成不利影响。因此，国家反垄断机构应当实施好《反垄断法》《禁止滥用市场支配地位行为暂行规定》《国务院反垄断委员会关于平台经济领域的反垄断指南》等规定，反垄断机构不仅要主动调查经营者集中可能会造成排除或者限制竞争效果的情形，而且对于行政机关滥用行政权力排除或者限制市场竞争的情形进行审查。通过反垄断行政机构对反垄断的审查，可以规范跨境电子商务市场的有序发展，从而为消费者跨境消费提供良好的市场环境。

在《数字市场法》中，其所规范的对象主要是被称为"守门人"的互联网企业。该法案通过施加义务和责任的方式对互联网企业的竞争行为进行了严格的规范。对此，我国在行政执法层面可予以借鉴。通过制定合理的"守门人"认定标准，对认定为"守门人"的电子商务主体进行严厉规制和监管。

其实，相关行政部门履行上述职能并非其借助行政职权主动直接介入跨境电子商务交易市场的运行，干预平台内经营者与消费者的交易或平台经营者的自主经营，反之在很大程度上尊重了跨境平台经营者在跨境平台电子商务交易这一特殊领域内的技术、信息等方面优势及其市场主体地位，由其在整个交易过程中承担监督、管理的角色。这符合平台交易机制的运行机理及平台经营者责任承担的法理，此时相关行政部门着重于对平台经营者的审查与监督或是在平台经营者因为身份而在监督管理方面出现难以触及的真空地带或难以克服的监管难题时对其监督管理起到补充作用，由此使得整个跨境电子商务平台交易过程得以处于"阳光之下"，相关行政部门的这种监督管理责任范围的划定也是符合政府干预应当遵循的谦抑理念的，符合市场自由与政府干预二者平衡的要求。

在我国社会经济运行过程中，仍然由市场占据主导地位，跨境电子商务平台交易者与电子商务消费者才是跨境电子商务交易市场中的主体。政府干预对于市场运行而言也有其固有的、难以避免的局限性，故而，要实现我国跨境电子商务交易平台市场长远稳定发展，应当平衡市场自身的作用与政府干预二者的关系，进行合理科学的宏观调控。明晰相关行政部门的行政审查监督责任范围，在责任范围内积极履行职权，切实监督跨境电子商务平台经营者，而对于责任范围内的事项不主动加以干预，尊重市场跨境电子商务平台交易者与电子商务消费者的市场主体地位，给予其发展自由。

四、社会层面的对策

（一）形成完善的多元化争端解决机制

　　跨境电子商务交易的跨国性与虚拟性使得在该交易过程中产生登记纠纷也有了其特殊性，纠纷双方当事人身处不同国家或地区，适用传统纠纷解决机制所耗成本大，但是往往涉及到的诉讼标的额较小，可见，传统的纠纷解决机制对解决跨境电子商务交易过程中产生的纠纷而言难以适用。但是新型的纠纷解决机制——网络在线争端解决机制（ODR）恰恰弥补了这种不足，该机制的运行依靠互联网技术，不受纠纷双方当事人实际住所地的影响，不会产生法院管辖权争议等一系列纠纷，争议解决成本低，不受弱势的消费者财力和精力的限制。这一模式最早应用于知识产权纠纷，其后随着网络贸易的发展开始应用于 B2C 中，较传统争端解决机制而言，具有方便、快速、成本低等特点。我国网络交易监管部门定义的 ODR 模式是囊括在线法律咨询、消费者投诉、协商、和解、调解、仲裁、"先行赔付"等诸多网络交易引发的纠纷的具体处理方式，在 ODR 模式中，当事人不必进入法律诉讼程序，即可快速高效地解决交易纠纷，因此这也被称为快速纠纷解决服务机制。

　　根据我国平台众多但彼此孤立的实践情况并结合域外先进经验，我国可以借鉴欧盟的 ODR 平台模式，在这一模式形成以前，欧盟已有众多成熟的、颇具影响力的替代性纠纷解决平台，即 ADR 平台，所以欧盟的 ODR 平台发挥既有优势，将已有的 ADR 平台进行有机整合，提供一个统一的在线纠纷解决平台，具体的纠纷解决仍由成熟的 ADR 平台进行。

　　我国也应当建立一个统一的 ODR 平台，整合既有的在线纠纷解决平台，对上述平台提供信息及资源共享，并对上述平台的入驻及具体行为的审核和监督，并由该平台确立统一适用的跨境电子商务交易争议纠纷解决规则，最终实现在线调解、立案、审判、监督、送达的一体化，并承认最终在该平台实现的纠纷解决效果，明确该平台的合法性；同时，还应当与各级法院、各地方法院进行平台衔接，达到提高效率、降低成本的目的。为保证裁判结果的公信力及其他附加效果的实现，该平台的设立应当借助国家公权力。

　　此外，由于跨境电子商务交易的涉外性，为了更好、更快地解决交易过程中产生的纠纷，符合平台设立的根本目的，我国 ODR 平台应当注重与域外相关平台的交流与合作，在一定条件下达成共识，承认彼此的纠纷解决结果，以实现高效率、低成本的同时切实保护在整个交易过程中处于明显弱势地位的电子商务消费者的合法权益。

（二）诚信素养的形成

除了制度层面的设计与行为层面的规制之外，诚信素养的养成在跨境电子商务消费者权益保护机制中也是尤为重要的一环。跨境电子商务活动归根结底仍是属于市场交易活动，而在规则层面常常无法对成市场交易活动作出充分和有效的回应。换言之，跨境电子商务活动中，存在着诸多规则难以涉足的内容此时，虽然经由司法程序或者行政程序可能获得最终的救济，但在此过程中将花费大量的成本，这也正是跨境电子商务活动中消费者常常面临"吃哑巴亏"的窘境的主要原因所在。因此，跨境电子商务平台经营者应当逐步养成诚信素养，这既是企业文化和精神所在，也是企业获得长足发展的内在要求。

参考文献

[1] 曹晖. 电子合同理论与应用 [M]. 南京：东南大学出版社，2020.

[2] 崔聪聪. 电子商务法 [M]. 北京：知识产权出版社，2019.

[3] 龚恒超. 消费者权益保护教育通识教程 [M]. 南昌：江西高校出版社，2019.

[4] 秦成德，帅青红. 电子支付与结算 [M]. 北京：北京理工大学出版社，2018.

[5] 徐勇. 电子支付 [M]. 广州：华南理工大学出版社，2019.

[6] 中国消费者权益保护法学研究会. 消费者权益保护法学 [M]. 北京：中国社会出版社，2017.

[7] 周曙东. 电子商务概论 [M]. 南京：东南大学出版社，2019.

[8] 段佳瑜. 网络跨国代购中消费者权益保护研究 [J]. 现代商业，2021 (36).

[9] 韩俊华. 数字经济时代下第三方支付风险和监管研究 [J]. 经济界，2022 (05).

[10] 韩晓丽，刘晓春. 互联网消费者权益保护的公益诉讼进路 [J]. 长江论坛，2022 (6).

[11] 黄宇昂. 第三方支付的相关市场界定研究 [J]. 科技经济市场，2022 (11).

[12] 姜良良. 大数据时代电子商务消费者个人信息保护探析 [J]. 法制博览，2022 (07).

[13] 鞠晔. 略论电子商务领域消费者权益保护的基本原则 [J]. 现代商业，2014 (19).

[14] 廖文勇. 电子商务领域消费者个人信息保护对策分析 [J]. 中国商论，2023 (11).

[15] 凌冰. 电子商务中消费者知情权保护研究 [J]. 经贸实践，2016 (01).

[16] 刘丹丹. 第三方支付业务领域个人金融信息保护探析 [J]. 福建金融，2022 (11).

[17] 刘德良，王欢. 网络消费者合同中的法律问题研究 [J]. 社会科学战线，2002 (3).

[18] 刘德良. 网络消费者合同中的格式条款与管辖问题研究 [J]. 河北师范大学学报（哲学社会科学版），2003，26 (2).

[19] 刘微. 跨境电子商务发展思考 [J]. 合作经济与科技, 2021 (20).

[20] 刘晓旭, 顾力菲. 跨境电子商务退换货及消费者维权问题的分析与对策 [J]. 农村青年, 2022 (5).

[21] 玛合帕力·加冷. 浅析第三方支付法律问题 [J]. 网络安全技术与应用, 2022 (09).

[22] 祁震. 电子商务中消费者个人信息保护问题的调查及法律对策研究 [J]. 网络安全技术与应用, 2022 (04).

[23] 上海市工商局课题组. 我国跨境电子商务发展现状与监管对策研究 [J]. 中国工商管理研究, 2015 (10).

[24] 宋继伟, 陈胜利. 我国第三方支付平台金融风险测度及实证分析 [J]. 财务与金融, 2022 (06).

[25] 宋鑫红. 网络跨境代购消费者权益保护研究 [J]. 财讯, 2018 (36).

[26] 孙晶. 跨境电子商务对中国国际贸易的影响研究 [J]. 全国流通经济, 2023 (5).

[27] 田雷. 电子合同在订立和归档过程中的应用问题 [J]. 中国档案, 2022 (04).

[28] 田丽敏. 对第三方支付账户管理的认识与思考 [J]. 商业会计, 2023 (02).

[29] 王聪语. 浅析电子商务中消费者知情权的法律保护 [J]. 商场现代化, 2020 (01).

[30] 王化婷, 郑丽芳, 冯玥雯, 等. 强监管背景下第三方支付平台发展研究 [J]. 合作经济与科技, 2022 (20).

[31] 王勇睿. 浅析网络支付安全"三大支柱"的现状与挑战 [J]. 数字技术与应用, 2023, 41 (01).

[32] 谢甜. 跨境电子商务物流模式发展研究 [J]. 农场经济管理, 2022 (12).

[33] 薛军. 电子合同成立问题探析 [J]. 法律适用, 2021 (03).

[34] 杨扬. 第三方跨境电子支付服务法律体系及监管问题研究 [J]. 区域金融研究, 2016 (2).

[35] 于沐涵. 电子商务中消费者知情权的法律保护 [J]. 商, 2013 (07).

[36] 张豪. 电子商务中消费者知情权的法律保护 [J]. 法制博览, 2017 (22).

[37] 张敏, 闫育芸, 姚雨秋. 浅析电子支付的安全问题及防护措施 [J]. 网络安全技术与应用, 2022 (12).

[38] 张薇. 论我国移动电子商务的发展状况 [J]. 科技视界, 2012 (30).

[39] 张轶晖. 电子支付对货币政策的影响 [J]. 现代商业, 2023 (10).

[40] 赵旭升, 赵前. 电子合同的应用与展望 [J]. 中国石油企业, 2021 (09).

［41］赵旖超．我国电子合同中格式条款立法规制［J］．合作经济与科技，2021（18）．

［42］赵紫荆．公民知情权法律保障研究［D］．湖南：中南林业科技大学，2022.

［43］郑晗．跨境电子商务事中事后监管机制研究［J］．中国市场监管研究，2022（11）．

［44］周洪波．企业签订电子合同的法律风险防范［J］．上海企业，2021（07）．

［45］周振宇．电子商务中消费者权益保护的问题研究［J］．中国商论，2023（4）．

［46］邹强，王景．电子商务背景下个人信息保护研究［J］．中国经贸导刊（中），2021（07）．